APROVECHE

— *su* —

DÍA

JOYCE MEYER

Faith
Words

FaithWords
Hachette Book Group
1290 Avenue of the Americas
New York, NY 10104
www.faithwords.com
twitter.com/faithwords

Primera edición: Septiembre 2016

FaithWords es una división de Hachette Book Group, Inc.

El nombre y el logotipo de FaithWords es una
marca registrada de Hachette Book Group, Inc.

La editorial no es responsable de los sitios web (o su
contenido) que no sean propiedad de la editorial.

International Standard Book Number: 978-1-4555-5993-0

Impreso en los Estados Unidos de América

RRD-C

10 9 8 7 6 5 4 3 2 1

CONTENIDO

Recientemente me percaté de que ya he vivido una porción de mi vida mayor que la que me queda por vivir, y de alguna forma eso hizo que me sintiera más determinada que nunca a aprovechar mi tiempo al máximo. Creo que cuando rebasamos la edad de los cincuenta o los sesenta, comenzamos a pensar sobre nuestra vida y lo que queremos hacer con nuestro tiempo de un modo bastante diferente a como quizás lo hicimos cuando teníamos veinte, treinta e incluso cuarenta. Percibimos con más claridad cuán precioso es nuestro tiempo, y en mi caso y espero que en el suyo también, queremos asegurarnos de no desperdiciar ni un segundo de este.

¿Ha hecho planes para el día y luego llega el final de la jornada y se siente frustrado y tal vez hasta un poco molesto consigo mismo? Usted tenía un plan que parecía bueno, pero no hizo mucho de lo que pensaba hacer, y para ser honestos, no está realmente seguro de que siquiera lo haya intentado. Se mantuvo ocupado todo el día, pero solo se acordó de hacer pequeñas cosas en dependencia de lo que pareciera ser más urgente en el momento. En realidad, cuando reflexiona en ello, debe admitir que no recuerda haber terminado nada importante.

Su plan consistía en pagar las cuentas, ir al supermercado, cambiarle el aceite al auto y cocinar una comida sabrosa para su familia. En realidad, deseaba preparar una cena porque justo la semana anterior uno de sus hijos adolescentes dijo: «¿Por qué ya no nos sentamos todos juntos a cenar como cuando yo era pequeño?». Usted no pudo darle una respuesta, ya que no estaba segura de cuál es la razón. ¡Solo parece que la vida transcurre tan ocupada, que cenar en familia nunca es posible!

¿Resulta difícil para usted enfocarse en lo que realmente

quiere y necesita hacer debido a todas las interrupciones que experimenta a lo largo del día? ¿Acaso sus correos electrónicos o su cuenta de Facebook y Twitter han hecho su vida más fácil? Por supuesto que todas las ventajas modernas pueden ser muy buenas, pero solo si sabemos manejarlas y evitamos permitir que los timbrazos, sonidos y pitidos que ellas producen nos controlen.

¿Está convirtiéndose de una manera continua en la persona que en realidad quiere ser? ¿Está logrando las cosas que desea alcanzar en la vida? ¿Es usted una persona que vive «a propósito» e intencionalmente, o deambula a través de los días, semanas, meses y años esperando ver a dónde la vida lo conduce? ¿Necesita hacerse cargo de su vida? ¿Es tiempo para un cambio? ¿Necesita aprovechar el día de hoy y todos los días?

Por lo general soy una persona muy orientada a los logros y me siento motivada a cumplir mis objetivos, pero durante el año pasado me encontré observando la pila de cosas que necesitaba y quería hacer y sintiéndome tan indecisa con respecto a cual realizar primero, que a menudo terminaba sin hacer nada, o a lo sumo realizando solo una pequeña parte de varias tareas, ninguna de las cuales quedaba terminada. Sí, acababa aquello que absolutamente tenía que hacer, pero para ser honesta, desperdiciaba una gran cantidad de un tiempo precioso y me sentía irritada conmigo misma, porque me parecía que pasaba más tiempo tratando de imaginar qué hacer en lugar de hacer algo en realidad. Me sentía realmente abrumada y eso es algo inusual para mí, así que en verdad empecé a orar con respecto a esto, queriendo escuchar lo que Dios tenía que decirme sobre la situación. Pensaba que la vida me estaba dirigiendo a mí, en lugar de ser yo la que dirigiera mi vida, y sabía que algo andaba mal.

Mientras oraba acerca de esto, Dios comenzó a mostrarme la importancia de vivir la vida «a propósito»...algo que había hecho la mayor parte de mi vida, aunque de alguna forma me desvié del camino. Pienso que en parte la razón por la que me hallé en esta temporada de pasividad e indecisión fue con el propósito de que sintiera la urgencia de escribir este libro. Mientras comencé a escuchar a las personas, descubrí que un gran porcentaje de individuos vive sus vidas día a día sin cumplir mucho de lo que tienen la intención de hacer. Se encuentran ocupados, pero no seguros de a qué se están dedicando. «Estoy muy ocupado» se ha convertido en la excusa habitual para todas las cosas que debemos hacer y no hacemos. Si se encuentra con un amigo con el que solía hablar con regularidad, pero ahora no puede devolverle sus llamadas, seguramente él o ella le dirá: «Lo siento, no he podido llamarte, ya que he estado muy ocupado». Recientemente esperamos casi tres semanas para confirmar una cita a fin de comprar una alfombra. Cuando llamamos al vendedor por tercera vez, él nos dijo: «Discúlpenme que me haya tardado tanto tiempo en contactarme con ustedes. ¡Hemos estado muy ocupados!». ¿Qué tal si Dios nunca contestara nuestras oraciones y nos diera la excusa de que está muy ocupado?

Me pregunto cuántas personas al final de su vida sienten que vivieron la vida que tenían la intención de vivir. ¿Cuántos se lamentan de las cosas que hicieron o dejaron de hacer durante su vida? Usted solo tiene una vida, y si esta no marcha en la dirección que quiere ir, es hora de hacer algunos cambios.

Cuando vivimos vidas improductivas, no debemos culpar a las circunstancias, otras personas, la forma en que el mundo es hoy en día, o a algo más. Dios creó al ser humano y le dio libre albedrío. Eso significa que tenemos la habilidad de tomar decisiones en literalmente cada ámbito de la vida, y si no hacemos nuestras propias elecciones guiados por Dios, terminaremos con nada más que lamentos.

Dios tiene una voluntad y un propósito para cada uno de nosotros, y su deseo es que hagamos uso de nuestro libre albedrío para elegir su voluntad de modo que podamos disfrutar de la mejor vida posible. ¡Espero y oro que mientras usted lee este libro, aprenda a «aprovechar su día» y comience a hacer que cada momento que tiene cuente para alcanzar su potencial!

Este libro trata de aprender a vivir «a propósito», por lo tanto, le sugeriré una gran cantidad de cosas que usted necesita «hacer» o «no hacer» con el fin de lograr que su meta se convierta en una realidad. Sin embargo, es muy importante para mí que nadie tenga la impresión de que el amor de Dios por nosotros, o nuestro derecho a permanecer con Él, es el resultado de algo que hagamos. Eso es una religión orientada a las obras y no es lo que Dios nos ofrece por medio de Jesucristo. Pienso que la mejor forma de dejar esto en claro es usando el libro de Efesios de la Biblia.

Efesios se divide en seis capítulos. Los primeros tres tratan de cuánto Dios nos ama, y nos enseñan que su amor es un regalo gratuito que se nos ofrece de manera incondicional. Pablo dice que mientras aún estábamos muertos en nuestros delitos y pecados, Dios nos dio vida en Cristo, ofreciéndonos una vida nueva, y nos resucitó con Él, invitándonos a entrar en su descanso. Él hizo todo eso antes de que nosotros lo conociéramos o incluso nos interesara conocerlo. ¡La gracia—la sublime gracia—permitió todo!

Efesios deja claro que nuestra salvación no se basa en nuestras obras o en algo que podamos hacer. ¡Esta es un regalo gratuito de parte de Dios! ¡La salvación es gratis! ¡La misericordia es gratis! ¡El perdón de nuestros pecados es gratis! Sin embargo, a pesar de que son gratis para nosotros, para Jesús tuvieron un precio. Jesucristo dio su vida, derramó su sangre, a fin de que pudiéramos disfrutar de una relación con Dios por medio de Él.

> *Porque por gracia sois salvos por medio de la fe; y esto no de vosotros, pues es don de Dios; no por obras, para que nadie se gloríe.*
> Efesios 2:8–9

Nuestro derecho a permanecer con Dios constituye un regalo de la gracia divina que se recibe solo por fe y no por obras o por algo que podamos hacer.

No obstante, comenzando en el capítulo 4 de Efesios y continuando hasta el capítulo 6, el apóstol Pablo instruye a los creyentes en cuanto a la conducta que deben mostrar a la luz de lo que Dios ha hecho por ellos. Él menciona muchas cosas que requerirán elecciones, y nos urge a hacer las decisiones correctas.

La buena noticia es que lo que elegimos hacer siempre debe ser hecho debido a que Dios nos ama y nosotros lo amamos a Él, nunca con la idea de «ganar» o «comprar» su amor al actuar de esa manera en particular. Así que permítame ser clara en cuanto a que no nos ganamos la salvación o el amor de Dios; sin embargo, hay recompensas para nosotros aquí en la tierra (y en la eternidad) que se basan en lo que hemos hecho mientras estamos en el cuerpo. Dios no quiere que nos las perdamos, y nosotros tampoco debemos quererlo. Nuestra relación correcta con Dios debe siempre producir obediencia, y esa obediencia nos conduce a una vida que resulta verdaderamente extraordinaria.

Lo exhorto hoy a vivir la mejor vida que posiblemente pueda para la gloria de Dios como una forma de honrarlo y agradecerle por lo que Él ha hecho por usted. Con frecuencia enseño sobre la conducta, pero toda buena conducta debe estar arraigada en el cimiento de nuestra relación con Dios por medio de Cristo si es que va a tener algún valor real.

¡Cada vez que estemos luchando para «hacer» lo correcto, *no* debemos precisamente intentarlo con más fuerza! ¡Debemos permanecer en el amor de Dios, regresando una y otra vez a las escrituras que nos enseñan sobre su amor por nosotros! Pídale ayuda a Dios y permita que él le dé fuerzas para lo que necesita hacer. ¡Mientras más usted sepa cuán perfectamente Dios lo ama, más deseará hacer todo lo que Él le pide que haga!

CAPÍTULO 1

El libre albedrío de los seres humanos

A los cielos y a la tierra llamo por testigos hoy contra vosotros, que os he puesto delante la vida y la muerte, la bendición y la maldición; escoge, pues, la vida, para que vivas tú y tu descendencia.

Deuteronomio 30:19

Con el objetivo de aprovechar el día y vivir la vida que Dios quiere que vivamos, resulta vital que comprendamos el libre albedrío de los seres humanos. Dios creó al hombre con libre albedrío y su deseo fue (y aún lo es) que escojamos usar ese libre albedrío para elegir hacer *su* voluntad. Dios promete guiar a aquellos que están dispuestos a hacer su voluntad (véase Juan 7:17). Resultará difícil entender el mensaje de este libro a menos que estemos dispuestos a comprender que somos criaturas con libre albedrío y responsables de las decisiones que hagamos. El libre albedrío es una enorme responsabilidad, así como también un privilegio y una libertad. Dios siempre nos guiará a hacer las elecciones que serán mejores para nosotros y a seguir su plan para nuestra vida, pero nunca nos forzará o manipulará para que tomemos una decisión.

> El libre albedrío es una enorme responsabilidad, así como también un privilegio y una libertad.

Cada día que Dios nos da constituye definitivamente un regalo, y tenemos la oportunidad de valorarlo. Una de las formas de hacer esto es usando cada día resueltamente, no desperdiciando tiempo o permitiendo que seamos manipulados por las circunstancias que no podemos controlar. Cada día puede contar si aprendemos a vivirlo «a propósito» en lugar de deambular pasivamente a través del día, permitiendo que el viento de las circunstancias y las distracciones decida por nosotros. Podemos recordar siempre que somos hijos de Dios y Él nos ha creado para que gobernemos nuestros días, enfocando cada jornada en su propósito para nuestra vida. Al principio del tiempo, Dios le dio al ser humano dominio y le dijo que fructificara y se multiplicara, usando los recursos de que disponía para el servicio de Dios y la humanidad. ¡Esto suena para mí como si Dios le hubiera dicho a Adán: «Aprovecha tu día»!

C. S. Lewis declara en cuanto al libre albedrío de los seres humanos:

> Dios creó seres que tenían libre albedrío. Esto significa criaturas que pueden actuar bien o mal. Algunas personas piensan que es posible imaginar a una criatura que sea libre, pero que no tenga posibilidad de actuar mal, pero yo no. Si alguien es libre para hacer lo bueno, también lo es para hacer lo malo. Y el libre albedrío es lo que hace a la maldad posible. ¿Por qué entonces Dios les dio libre albedrío? Porque a pesar de que este es lo que posibilita la maldad, también es la única cosa que puede hacer posible que el amor, la bondad y el gozo tengan valor. Un mundo de autómatas—de criaturas que trabajan como máquinas— sería muy poco valioso como para crearlo. La felicidad que Dios designa para sus criaturas superiores es la felicidad de ser libres, de estar unidos voluntariamente a Él y los unos con los otros en un éxtasis de amor y deleite, comparado con el cual el más apasionado amor entre un hombre y una mujer en esta tierra parece débil. Y por eso fueron hechos libres.
>
> Por supuesto, Dios sabía lo que sucedería si ellos usaban su libertad de la forma equivocada: aparentemente, Él pensó que valía la pena correr el riesgo [...] Si Dios piensa que este estado de guerra en el universo es un precio que merece la pena pagar por el libre albedrío, es decir, por crear un mundo real en

> el cual las criaturas sean capaces de hacer un bien y
> un mal reales y algo de real importancia pueda su-
> ceder, en lugar de un mundo de juguete que solo se
> mueva cuando Él maneje los hilos, entonces nosotros
> podemos dar por sentado que vale la pena pagarlo.[1]

Dios nos dio libre albedrío, y si tenemos la intención de hacer uso de este para sus propósitos, pagaremos un precio por hacerlo, pero como C. S. Lewis señala, «vale la pena pagarlo». Pagamos un precio no solo por hacer lo que es correcto, sino también si hacemos lo que está mal. Yo le aseguro que el precio que pagamos por nuestras malas decisiones es mucho mayor y nos deja afligidos y llenos de remordimiento y miseria.

Observé a mi mamá y mi papá hacer malas decisiones la mayor parte de sus vidas, y también los vi pagar el precio por tales decisiones. Mi papá escogió la ira, el alcohol y una existencia sin Dios. Durante la mayor parte de su vida, eligió satisfacer sus deseos sexuales a un alto costo para otros. Él abusó de mí sexualmente, así como también de varias otras personas, por muchos años. Le era infiel a mi madre de forma habitual, mostrándose además violento, pero ella asumió una postura pasiva y dio excusas para no actuar a fin de protegerse a sí misma o a mi hermano y a mí.

Aunque estoy feliz de poder decir que ellos murieron ambos creyendo en Dios y habiéndose arrepentido de sus pecados, también debo señalar que se perdieron la buena vida que Dios había planeado para ellos y terminaron sus días lamentándose de las malas decisiones que habían hecho.

Ellos no hicieron elecciones correctas debido a que en ambos casos esto hubiera requerido poner a un lado sus sentimientos y confiar en que Dios los ayudaría a vencer sus debilidades. Mi padre tenía una adición sexual, y mi madre estaba llena de temor. Estoy bastante segura de que usted podría pensar en varias personas que conoce que en la actualidad hacen malas decisiones debido a que simplemente encuentran difícil hacer lo correcto, o se engañan pensando que sus malas elecciones podrán hacerlos felices. Es absolutamente sorprendente ver cuántas personas destruyen sus vidas porque no están dispuestas a hacer las cosas difíciles. «Resulta demasiado difícil» es una de las más grandes excusas que escucho cuando exhorto a las personas a transformar su vida al cambiar sus elecciones por otras que se correspondan con la voluntad de Dios.

Usted y yo podemos elegir lo que haremos cada día. Escogemos nuestros pensamientos, palabras, actitudes y conductas. No podemos siempre determinar cuáles serán nuestras circunstancias, pero sí podemos decidir cómo responderemos a ellas. ¡Somos agentes libres! Cuando hacemos uso de nuestra libertad para escoger hacer la voluntad de Dios, lo honramos y glorificamos. Podemos elegir hacer que cada día cuente—lograr algo que valga la pena— o podemos elegir desperdiciar nuestro día.

En su libro *Los secretos de la dirección divina*, F. B. Meyer señala: «Quizás usted vive guiándose demasiado por sus sentimientos y no mucho por su voluntad. No tenemos control directo sobre nuestros sentimientos, pero sí sobre nuestra voluntad. Nuestras decisiones son nuestras, para hacer que ellas sean las mismas de Dios. Dios no nos hace responsables por lo que sentimos, pero sí por lo que decidimos hacer. A su vista, no somos lo que sentimos, sino lo que elegimos. Por lo tanto, no nos permitamos vivir en la casa de veraneo de la emoción, sino en la ciudadela central de la voluntad, completamente rendidos y devotos a la voluntad de Dios».[2]

La mayoría de nosotros conoce a personas que viven enteramente a partir de sus sentimientos, y el resultado es que están desperdiciando sus vidas. Sin embargo, eso puede cambiar rápidamente si toman decisiones diferentes, unas que estén en consonancia con la voluntad de Dios.

Uno de mis nietos eligió marcharse de casa a la edad de dieciocho, y por el próximo año él se embriagó a diario y consumió drogas con regularidad. No trabajó y vivió en un apartamento con varios otros jóvenes que habían escogido la misma forma de vida, uno de los cuales murió de una sobredosis. Durante ese año él vivió completamente de acuerdo a sus emociones. Afortunadamente, se dio cuenta de que estaba yendo en la dirección equivocada, así que decidió llamar a sus padres y preguntarles si podía regresar a casa. En unos pocos meses se había recuperado, abandonando el alcohol y las drogas, y estaba ocupado desarrollando una relación con Dios. En la actualidad está trabajando en un ministerio, se ha casado con una adorable joven cristiana, y está criando a sus hijos.

Él eligió el camino equivocado y luego, gracias a Dios, se encaminó por la senda correcta. Es maravilloso descubrir que con la ayuda de Dios podemos corregir los errores que hemos cometido. Cuando hacemos malas decisiones, siempre cosechamos el resultado de ellas tarde o temprano, y esto nunca resulta placentero. Cosechar lo que sembramos es una ley espiritual que Dios ha establecido en el universo y que trabaja de la misma manera en cada oportunidad. Si sembramos para la carne, cosecharemos de la carne ruina, decadencia y destrucción. No obstante, si sembramos para el Espíritu, cosecharemos vida (véase Gálatas 6:8). No importa cuánta mala semilla (obstinación y desobediencia) se ha plantado, en el momento que alguien comienza a plantar buena semilla (obediencia a Dios), su vida comienza a cambiar para mejor. La misericordia de Dios es nueva cada mañana... ¡y eso significa que Él ha provisto una manera de que tengamos un nuevo comienzo cada día!

La gracia de Dios

La gracia de Dios implica su inmerecido favor y su poder fortalecedor. La gracia se manifiesta siempre que Dios hace por nosotros cosas buenas que no merecemos. Cuando pecamos, podemos arrepentirnos y pedir el perdón de Dios, y afortunadamente su gracia nos lo provee sin reservas.

Cuando elegimos hacer la voluntad de Dios, nuestra intención es buena, pero aún podemos necesitar ayuda para avanzar y hacer lo que hemos elegido hacer. Es la gracia de Dios la que nos proporciona esa ayuda por medio del Espíritu Santo. A menudo lo que Dios nos pide es algo que encontramos difícil de hacer sin apoyo, pero con Dios todas las cosas son posibles (véase Mateo 19:26). No pedirle ayuda a Dios es la causa de la mayoría de los fracasos. ¿Le solicita con regularidad al Espíritu, que es su Ayudador, que lo ayude? Si no lo ha hecho así, verá asombrosos cambios en su vida cuando usted simplemente se lo pida.

Si estoy muy molesta con mi esposo y no deseo perdonarlo, pero sé a partir de mi estudio de la Palabra de Dios y la convicción del Espíritu Santo que necesito elegir perdonarlo sin importar cómo me sienta, le pido a Dios que me ayude a hacer lo correcto que quiero hacer. Yo decido actuar y Dios provee la gracia (el poder) para que lo logre. He fallado muchas veces antes de aprender que no puedo conseguirlo con mis propias fuerzas. Dios desea que vivamos dependiendo de Él, no de manera independiente.

> Dios desea que vivamos dependiendo de Él, no de manera independiente.

Dios nos da libre albedrío y nosotros podemos hacer decisiones buenas o malas. Cada una de ella viene con una cosecha que recoger, y la Palabra de Dios afirma claramente que cosecharemos lo que sembremos. No obstante, incluso si elegimos hacer la voluntad de Dios, aun así necesitamos su ayuda para continuar. Es fácil decidir la noche del domingo después de una cena que usted va a comenzar una dieta el lunes en la mañana, sin embargo, ¿puede continuar con su decisión el lunes por la noche mientras se encuentra en un restaurante y le traen la bandeja con los postres? ¡Es en ese momento que a menudo necesitamos la ayuda de Dios!

Jesús vino lleno de gracia y verdad (véase Juan 1:17). Él nos revela la verdad y nos da la gracia para caminar en ella si decidimos hacerlo.

La soberanía de Dios

Muchas personas encuentran muy difícil reconciliar la soberanía de Dios con el libre albedrío de los seres humanos. Esto no es algo sobre lo que debemos sentirnos confundidos. Dicho de forma muy simple: somos socios de Dios. Él obra en y a través de nosotros para ayudarnos a cumplir su voluntad. Cuando Dios encuentra a alguien que elige hacer su voluntad y le permite a Él obrar a través de su vida, esa persona se convierte en una luz en un mundo oscuro, o en un ejemplo de que la vida con Dios puede ser agradable. Dios puede usar a esa persona para animar a otros a elegir a Él y sus caminos.

Si no tenemos libertad de elección, somos meramente títeres, con Dios manejando los hilos. Nuestro amor por Dios no tiene significado a menos que se lo demos libremente.

He aquí lo que dice Andrew Murray acerca de la voluntad humana:[3]

Que se haga su voluntad, no la mía

Cuando Jesús se encontraba sufriendo en el jardín de Getsemaní y dijo mientras oraba: «Padre, si quieres, pasa de mí esta copa; pero no se haga mi voluntad, sino la tuya» (Lucas 22:42), estaba claramente afirmando que Él tenía libre albedrío. Jesús escogió ir a la cruz y pagar por nuestros pecados. Jesús sufrió en el jardín hasta el punto de sudar gotas de sangre. Él sabía cuál era la voluntad de su Padre y decidió cumplirla, incluso aunque al parecer era algo difícil de hacer. Y Dios, que siempre nos envía ayuda justo en el momento preciso, envió a un ángel desde el cielo para fortalecerlo mientras se hallaba en medio de su agonía (véase Lucas 22:42–44).

Este es un buen ejemplo que puede ayudarnos a entender el precio que a veces debemos pagar para hacer la voluntad de Dios. Jesús pagó un alto precio por nuestra libertad, pero al hacerlo, abrió el camino para que toda la humanidad fuera redimida y llevarla a una relación correcta con Dios. ¡El precio fue alto, pero valió la pena!

¿Qué podría cada uno de nosotros perderse en la vida si hacemos las decisiones equivocadas? Oro que nunca lo descubramos. ¿Cómo nos beneficiamos si vivimos según nuestra propia voluntad sin considerar la voluntad de Dios? Podemos obtener algún placer momentáneo, pero siempre pagaremos un alto precio luego de que ese momento pase. Un hombre puede en un momento de pasión cometer adulterio, pero él pagará el precio con una vida llena de arrepentimiento por perder a su esposa, su familia, y el respeto de todos sus amigos. Un joven puede unirse a una pandilla con el objeto de sentir que encaja con sus compañeros, pero su vida transcurre en prisión por un crimen que cometió en un momento de discusión acalorada. Una persona puede pasarse la vida sin hacer las cosas que la ayudarán a mantenerse fuerte y saludable, y luego lamentar sus decisiones cuando la enfermedad la deje débil y enfermiza. Seamos proactivos en lo que respecta a hacer lo que es correcto. No espere hasta que las circunstancias adversas lo obliguen a hacer un cambio.

A menos que conozcamos el valor del libre albedrío y comencemos a ejercerlo para hacer decisiones correctas, siempre seremos meras víctimas de las circunstancias de la vida y las malas elecciones que hacemos. Cuando era una niña e incapaz de tomar mis propias decisiones debido a que me hallaba bajo la autoridad de mis padres, fui una víctima de las pésimas elecciones de mi mamá y mi papá. Sin embargo, una vez que salí de casa y tuve la capacidad de hacer mis propias elecciones, estuve en posición de cambiar mi vida. Tristemente, no sabía eso, así que pasé otros dieciocho años haciendo malas decisiones al actuar acorde a mi mente engañada y mis emociones heridas. A la edad de treinta y seis años, mientras clamaba por la ayuda de Dios, recibí su gracia para comenzar a estudiar su Palabra. Cuando lo hice, descubrí que podía hacer elecciones acordes a la voluntad de Dios y por lo tanto, convertirme en una vencedora en lugar de una víctima.

¡Quiero que sepa que usted no tiene que ser una víctima! No importa cuán malo haya sido su pasado, Dios tiene un futuro planeado para usted. No importa la edad que pueda tener, nunca es tarde para un nuevo comienzo. Usted pudo haber tenido un mal inicio en la vida, pero puede tener un excelente final. Todo lo que necesita hacer es conocer la voluntad de Dios y comenzar a usar su libre albedrío para elegir hacer la voluntad divina. Descanse en Él, dependa de su gracia a fin de que le dé el poder para perseverar en sus decisiones, relájese, y observe a Dios obrar en su vida.

> Usted pudo haber tenido un mal inicio en la vida, pero puede tener un excelente final.

Otro versículo de las Escrituras en el libro de Juan nos muestra con claridad cómo obran juntos el libre albedrío del hombre, la voluntad de Dios y la gracia:

> *No puedo yo hacer nada por mí mismo; según oigo, así juzgo; y mi juicio es justo, porque no busco mi voluntad, sino la voluntad del que me envió, la del Padre.*
>
> Juan 5:30

Jesús comienza diciendo que Él depende por completo de Dios, y que no puede hacer nada separado de Él. En este verso, se refiere a su humanidad, no a su divinidad. Él escucha a Dios para recibir dirección con respecto a su voluntad y luego decide de acuerdo a la voluntad del Padre. ¡Hace uso de su voluntad para escoger la voluntad de Dios! Jesús había determinado con anterioridad que siempre querría hacer la voluntad del Padre, así que sus elecciones diarias que iban a lograr que esto fuera posible eran una conclusión inevitable y, por lo tanto, no algo difícil.

Si elegimos vivir para Dios y su voluntad, hacemos la decisión mas importante de nuestra vida, ya que se trata de una decisión que guiará a las otras. ¿Ya ha hecho su decisión? ¿Por quién y por qué está usted viviendo? ¿Ha recibido a Cristo, pero no se ha rendido a Él? Estas son preguntas realmente importantes que debe hacerse.

Haga su propia decisión

A pesar de que Dios nos da instrucciones específicas con respecto a muchas de nuestras decisiones, también hay elecciones que Él nos da la libertad de hacer. Podemos hacer uso de la sabiduría, buscar la paz, y hacer lo que creemos que Dios aprueba. A menos que reciba una instrucción específica de Dios en su Palabra o por medio el Espíritu, mi directriz general es seguir lo que creo que es el sentir del Padre (sus deseos y su voluntad).

Dios nos dejara decidir en qué gastamos nuestro dinero, a quiénes escogemos como amigos, qué y cuándo comemos, con quién nos casaremos, dónde queremos trabajar y muchas otras cosas. Sin embargo, si nuestro deseo subyacente es hacer la voluntad divina estamos siempre atentos en nuestro corazón a cualquier cosa que Él no pueda aprobar…y estaremos dispuestos a hacer cambios si eso es lo que Dios desea.

Recientemente tuve una experiencia que podría servir como un buen ejemplo. Íbamos a mudarnos de nuestra vivienda actual hasta alrededor de una milla y media (dos y medio kilómetros) más adelante, donde podríamos construir entre dos de nuestros hijos. Esto parecía divertido y pensamos que sería una buena decisión para el futuro, pero quería estar segura. Así que oré con diligencia y esperé recibir alguna dirección concluyente de parte de Dios. Esto continuó por al menos seis meses. Sabía que no estaríamos haciendo nada malo si nos mudábamos, pero en realidad quería tomar la mejor decisión. Deseaba hacer una elección con la que pudiera sentirme feliz por mucho, mucho tiempo.

Sabía que esto podría requerir una gran cantidad de trabajo y costaría un dinero que en realidad no queríamos gastar, así que permanecí indecisa. En verdad deseaba un sí o un no definitivo de Dios, pero Él no me decía nada. Parecía claro que me estaba indicando: *La elección es tuya*, así que finalmente decidí mantener la vida simple y permanecer en la casa que teníamos. Al instante me sentí aliviada y supe que había hecho la elección correcta para ese momento.

Una buena parte del tiempo Dios simplemente nos conduce a la paz, la sabiduría y el sentido común. ¡No necesitaba escuchar una voz que me indicara que no debía gastar más dinero del que había ganado, porque eso es tener sentido común! No necesitaba recibir una palabra de parte de Dios acerca de si debía o no asumir una mayor responsabilidad cuando ya me sentía estresada con el resto de las otras que tenía. ¡Eso no podría producirme paz!

Así que mi punto es que somos libres para hacer muchas de nuestras decisiones, pero es sabio estar dispuestos a cambiar y seguir a Dios si su dirección es diferente a la nuestra. La Palabra de Dios declara que la mente del hombre planea su camino, pero Dios dirige sus pasos (véase Proverbios 16:9). Recomiendo mucho mostrar sabiduría y una planificación bien pensada, pero resulta esencial reconocer siempre a Dios en todos nuestros caminos y darle la oportunidad de redirigirnos cuando hemos hecho una mala decisión.

No siempre tomamos las decisiones correctas, pero siempre podemos recuperarnos de las equivocaciones. Jesús dijo que David era un hombre conforme al corazón de Dios, que seguía la voluntad del Señor (véase Hechos 13:22). No obstante, nosotros sabemos que David mandó a matar a Urías, quien era uno de sus compañeros cercanos. Él hizo esto con el fin de ocultar su pecado con Betsabé, la esposa de Urías, con la que había cometido adulterio y quien estaba embarazada como resultado.

> *No siempre tomamos las decisiones correctas, pero siempre podemos recuperarnos de las equivocaciones.*

El libre albedrío de David ciertamente causó que tomara la decisión equivocada en medio de su situación, y sin embargo aun así Dios lo consideró un hombre conforme a su corazón, ya que se arrepintió y en verdad hizo lo que se necesitaba hacer para recibir el perdón y ser restaurado. No tenemos que ser perfectos para que Dios nos acepte, pero necesitamos tener un corazón que esté comprometido a encontrar siempre el camino de regreso a la voluntad de Dios.

Resumen del capítulo

- Dios creó al hombre con libre albedrío y su deseo fue (y aún lo es) que escojamos usar ese libre albedrío para elegir hacer *su* voluntad.

- Cada día puede contar si aprendemos a vivirlo «a propósito» en lugar de deambular pasivamente a través del día, permitiendo que el viento de las circunstancias y las distracciones decida por nosotros.

- No podemos siempre determinar cuáles serán nuestras circunstancias, pero sí podemos decidir cómo responderemos a ellas. ¡Somos agentes libres! Cuando hacemos uso de nuestra libertad para escoger hacer la voluntad de Dios, lo honramos y glorificamos.

- Cuando elegimos hacer la voluntad de Dios, nuestra intención es buena, pero aún podemos necesitar ayuda para avanzar y hacer lo que hemos elegido hacer. Es la gracia de Dios la que nos proporciona esa ayuda por medio del Espíritu Santo.

- A pesar de su pasado, usted puede avanzar, haciendo elecciones acordes a la voluntad de Dios y así convertirse en un vencedor en lugar de una víctima.

CAPÍTULO 2

La voluntad de Dios para su vida

El hacer tu voluntad, Dios mío, me ha agradado, Y tu
ley está en medio de mi corazón.

Salmo 40:8

David afirmó que a él le agradaba hacer la voluntad de Dios, y la mayoría de nosotros podría decir lo mismo. Estamos dispuestos a hacer la voluntad divina, pero no siempre nos sentimos seguros de cuál es su voluntad para nosotros. Una de las preguntas que las personas se hacen con más frecuencia es: «¿Cuál es la voluntad de Dios para mi vida?».

Si no conocemos la voluntad de Dios, puede ser que estemos formulando las preguntas equivocadas. Podemos buscar respuestas de parte de Dios con respecto a cuál debería ser nuestra carrera, dónde debemos trabajar, con quién nos debemos casar, si debemos comprar el nuevo carro que queremos, si debemos comprar o vender una casa, y si debemos comprometernos como voluntarios en la iglesia o quizás convertirnos en misioneros. Tales preguntas se refieren a nuestras circunstancias en la vida y no son cuestiones equivocadas que podemos averiguar, pero no son las más importantes. Jesús nos enseñó lo que debíamos preguntar o buscar en Mateo 6:33:

> *Mas buscad primeramente el reino de Dios y su justicia,*
> *y todas estas cosas os serán añadidas.*

Mateo 6:33

Lo que Dios desea de nosotros

Desear conocer la voluntad de Dios no tienen que ver principalmente con nuestras circunstancias, nuestro trabajo, o con quién debemos casarnos. Dios se preocupa por tales cosas, pero si buscamos conocer solo esas respuestas, no descubriremos la parte más importante de la voluntad de Dios.

Hay cosas más profundas que Dios quiere que averigüemos sobre Él, y cuando lo hagamos, encontraremos que las respuestas que necesitamos para la vida diaria pronto se vuelven evidentes. Las siguientes son algunas de las cosas más profundas que Dios desea que sepamos sobre Él.

1. Dios desea que todos los seres humanos lleguen al conocimiento salvador de Jesucristo, y por medio de Él lo conozcan de un modo personal e íntimo.

Cuando conocemos a Dios de una manera profunda e íntima, resulta más probable que sepamos las respuestas a cuestiones como dónde debemos trabajar, con quién nos debemos casar, si debemos comprar un nuevo carro y otras cosas por el estilo. Mientras más intimidad tengamos con alguien, más sabremos de una manera instintiva lo que ellos desean o no en una situación determinada. Lo mismo sucede cuando desarrollamos una relación más intima con Dios.

El apóstol Pablo dijo que su propósito determinado era conocer a Dios más profunda e íntimamente (véase Filipenses 3:10). Uno podría pensar que ya que él fue inspirado por el Espíritu Santo a escribir dos terceras partes del Nuevo Testamento, debería haber conocido a Dios, y estoy segura de que así era; sin embargo, deseaba conocerlo cada vez más. ¿Es el anhelo de su corazón conocer a Dios de una manera más profunda?

Ya había sido cristiana por muchos años antes de darme cuenta de que tenía una relación muy superficial con Dios. ¡Le había pedido muchas cosas, pero nunca que me permitiera conocerlo de una manera

> No debemos dejar que las cosas sean para nosotros más importantes que Dios mismo.

más profunda! No debemos dejar que las cosas sean para nosotros más importantes que Dios mismo.

2. Dios desea que seamos como Jesús en todo, trabajando con el Espíritu Santo para alcanzar la madurez espiritual y el carácter de Dios (véase Romanos 8:29).

Este es un objetivo de toda la vida y uno que en lo personal encuentro emocionante e interesante. Cuando en verdad amamos a Dios, queremos hacer todo lo que Él desea, y nada de lo que no desea que hagamos. Queremos ser cada vez más como Él.

Buscar a Dios para alcanzar la madurez espiritual y la semejanza a Cristo puede ser la parte más ignorada de la voluntad de Dios. El discipulado está seriamente escaseando entre los cristianos, pero se le debe dar la más alta prioridad. La voluntad de Dios es que lo glorifiquemos, y no podemos hacerlo si permanecemos como niños espirituales toda nuestra vida.

3. Dios desea que conozcamos su Palabra, porque esa es la única forma de conocerlo a Él con exactitud. Su Palabra tienen el poder para transformarnos a su imagen cada vez con más gloria (véase 2 Corintios 3:18). Esta nos da a conocer su voluntad en cada ámbito de la vida.

Conocer algo siempre requiere un estudio diligente y una disposición a aprender. Lleva tiempo y esfuerzo. Muchas personas afirman que no pueden entender la Biblia, pero pienso que es más probable que no estén dispuestas a hacer el esfuerzo que requiere conocerla. El Espíritu Santo le revelará el significado de la Palabra de Dios a cualquiera que esté dispuesto a convertirse en un estudiante serio de la misma.

Si nos proponemos conocer la Palabra de Dios, encontraremos muchas de las respuestas que estamos buscando concernientes a la vida diaria. Una de las principales formas en que Dios nos guía es a través de su Palabra. Lo exhorto a hacer el compromiso de estudiar la Palabra de Dios con diligencia.

4. Es la voluntad de Dios que aprendamos a amarlo a Él, a amar a los demás, y a amarnos a nosotros mismos (véase Mateo 22:37–39).

Cuando le preguntaron cuál era el mandamiento más importante (la voluntad de Dios), Jesús respondió:

> *Amarás al Señor tu Dios con todo tu corazón, y con toda tu alma, y con toda tu mente. Este es el primero y grande mandamiento. Y el segundo es semejante: Amarás a tu prójimo como a ti mismo.*
>
> Mateo 22:37–39

Debido a que aprender a amar a Dios, a otros y a nosotros mismos es el mandamiento más importante, constituye un tema al que debemos dedicarle una gran cantidad de tiempo de estudio. Fui una cristiana infeliz por muchos años. Me pasé mucho tiempo buscando la ayuda de Dios y pidiéndole que me guiara en las decisiones que necesitaba hacer, pero había fallado en buscar su voluntad en lo que concernía a caminar en amor. Era una persona muy egoísta y no me había dado cuenta de la importancia de aprender a amar verdaderamente de la forma que Dios quería que lo hiciera. Así que comencé a estudiar el amor y todos sus aspectos, y mientras más estudiaba y caminaba en este, más feliz me sentía.

5. Es la voluntad de Dios que hagamos todas las cosas con fe, ya que sin fe es imposible agradarlo (Hebreos 11:6).

El apóstol Pablo instruyó a vivir por fe de principio a fin (Romanos 1:17). En otras palabras, a hacer que su meta sea permanecer teniendo fe en todo momento. Cuando la duda toque a su puerta, responda con fe.

> *Cuando la duda toque a su puerta, responda con fe.*

6. Es la voluntad de Dios que no alberguemos una falta de perdón hacia nadie por ningún motivo (véase Efesios 4:31–32).

Muchos cristianos buscan a Dios a diario a fin de obtener dirección con respecto a sus circunstancias, mientras que a la vez tienen resentimientos contra otros y se niegan a perdonarlos. He descubierto que escucho a Dios con mayor claridad si mantengo mi corazón libre de ofensas. Jesús dijo que el puro de corazón verá a Dios (véase Mateo 5:8). Ellos podrán discernir con facilidad la voluntad de Dios para sus vidas.

7. ¡Es la voluntad de Dios que demos gracias por todas las cosas!

> *Dad gracias en todo, porque esta es la voluntad de Dios para con vosotros en Cristo Jesús.*
>
> 1 Tesalonicenses 5:18

8. ¡Sirva al Señor con alegría!

La última vez que pasé un tiempo buscando con seriedad la voluntad de Dios para el resto de mi vida, Él me dijo: *¡Sé feliz, y disfruta la vida!* Así que voy a mantenerme haciendo lo que hago en el ministerio y a asegurarme de ser feliz y disfrutar la jornada. Voy a continuar siendo esposa y madre y a asegurarme de disfrutar la jornada. ¡Sirvamos a Dios con una sonrisa en nuestro rostro y hagámosle saber que Él nos proporciona alegría!

El salmista David afirma que debemos servir al Señor con alegría (Salmo 100:2).

Si ha estado buscando a Dios a fin de conocer su voluntad para su vida, le pido que considere primero si está dedicándose a estos ocho aspectos mencionados y creciendo en ellos, y si no es así, deje a un lado sus otras preguntas y ocúpese de lo que Dios ha dicho que resulta importante para Él.

Cómo cumplir la voluntad de Dios

Conocer la voluntad de Dios es una cosa, pero cumplirla es otra. El conocimiento debe siempre ser seguido por la acción, de otra forma no tendría ningún poder. Jesús les dio a sus discípulos un ejemplo de servicio al lavar sus pies, y luego les dijo: «Si sabéis estas cosas, bienaventurados seréis si las hiciereis» (Juan 13:17).

Si usted es como yo, encontrará que a veces quiere hacer la voluntad de Dios—incluso tiene la intención de hacerla—pero de algún modo parece que no puede lograrlo. El apóstol Pablo experimentó el mismo dilema y describe esto con exactitud en el capítulo 7 del libro de Romanos:

> *Porque no hago el bien que quiero, sino el mal que no quiero, eso hago.*
>
> Romanos 7:19

Él continuó diciendo que era infeliz, miserable y desdichado, y que necesitaba ayuda. Luego, como si viera la luz, exclamó: «Gracias doy a Dios, por Jesucristo Señor nuestro» (Romanos 7:25).

¡Esto me lleva de nuevo a lo que comenté previamente, lo cual es que Dios desea que usemos nuestro libre albedrío para elegir hacer su voluntad, y luego que descansemos en Él y su gracia a fin de obtener el poder para lograrlo!

Quiero enfatizar esto, porque pienso que hay dos errores que podemos cometer en lo que respecta a hacer la voluntad de Dios. En primer lugar, podemos tratar de hacer la voluntad divina solo por medio de la fuerza de voluntad, pero entonces experimentamos frustración y decepciones, ya que siempre fallaremos. La fuerza de voluntad es útil, pero solo nos lleva hasta un punto, luego necesitamos que el poder sobrenatural intervenga. Recuerde, Jesús dijo que apartados de Él nada podemos hacer (véase Juan 15:5), y hablaba en serio. Por supuesto, hay cosas que podemos intentar haciendo uso de la pura determinación, pero tales intentos a menudo se encuentran con el estrés y la ansiedad. Al descansar por completo en Jesús, podemos hacer lo que Dios quiere que hagamos con su poder (gracia), le damos a Él el crédito, y disfrutamos de una paz y un gozo formidables.

En segundo lugar, resulta tonto pensar que podemos obtener aquello que es la voluntad de Dios sin hacer la decisión de lograrlo. Las personas pasivas se sientan ociosamente y esperan que algo bueno les suceda, pero no hacen nada para asegurarse de que se convierta en una realidad. Ellos pueden engañarse pensando que si algo es la voluntad de Dios, entonces Él hará que esto tenga lugar sin que ellos hagan nada en absoluto. Por ejemplo, es la voluntad de Dios que tenga un trabajo si lo necesita, pero usted tiene que salir a buscarlo. Nosotros somos socios de Dios. Tenemos una parte y Dios tiene una parte. No podemos hacer su parte, ni Él puede hacer la nuestra.

Nuestra parte es estar dispuestos a cumplir la voluntad de Dios, y la parte de Dios es revelarnos su voluntad y darnos su poder para hacerla. Cuando oramos para que Dios resuelva un problema por nosotros, con frecuencia Él nos da algo que hacer, y podemos estar seguros de que nos dará la energía para realizar cualquier cosa que nos pida.

El apóstol Santiago dijo que si escuchamos la Palabra de Dios, pero no hacemos lo que dice, nos estamos engañando a nosotros mismos al razonar lo que es contrario a la verdad (Santiago 1:22). Repito, vemos que el conocimiento es inútil sin la acción, pero si no empleamos el método apropiado para una «acción» exitosa, siempre terminaremos experimentando fracasos y frustraciones.

Antes de que aprendiera lo que estoy compartiendo, recuerdo claramente escuchar en la iglesia conmovedores sermones sobre la necesidad de tener mejores pensamientos, palabras más piadosas o una mejor actitud. Yo estaba de acuerdo y siempre me sentí convencida por la Palabra de la necesidad de un mejoramiento, así que rápidamente iba a casa y «trataba» de cambiar. Por supuesto, siempre fallaba, ya que había dejado a Dios fuera del asunto. Estaba intentando hacer su voluntad con mis propias fuerzas. Sin pedir su ayuda (gracia).

No obstante, pude haber estado dispuesta a pedir la gracia de Dios y aun así no haber tenido la disposición de hacer algo por mí misma y también fracasar. Dios no hace todo por nosotros, pero sí obra a través de nosotros, y por nuestra parte hacemos las cosas mientras descansamos por completo en Él.

Estoy trabajando en este libro hoy. Sí, estoy trabajando, pero no sin haberle pedido a Dios que me ayude a hacer una buena labor. El apóstol Pablo dijo que él había trabajado más duro que nadie, pero que realmente se trataba de Dios obrando en y a través de él para producir los buenos resultados:

> *Por la gracia de Dios soy lo que soy; y su gracia no ha sido en vano para conmigo, antes he trabajado más que todos ellos; pero no yo, sino la gracia de Dios conmigo.*
>
> 1 Corintios 15:10

Estamos equivocados si pensamos que podemos hacer lo que necesita ser hecho por nosotros mismos, y estamos equivocados si creemos que Dios hará todo por nosotros. La Biblia nos enseña que Dios de manera habitual obra en y a través de las personas para cumplir su voluntad.

¿Qué quiere usted?

La voluntad del hombre o «lo que quiere» revela más sobre él que cualquier otra cosa. Si deseamos dinero más que nada, somos avaros. Si anhelamos una promoción, popularidad y aplausos, somos inseguros y queremos cosas que nos hagan sentir bien con nosotros mismos. Si deseamos vernos libres de dificultades en lugar de querer ser fuertes en medio de ellas, quizás aspiramos a tener una vida fácil y sin problemas. No obstante, si por encima de todo queremos hacer la voluntad de Dios, entonces nuestro corazón desea lo correcto y al final terminaremos en el lugar propicio y viviendo una vida buena. ¿Qué quiere usted?

De acuerdo con la Palabra de Dios, debemos quererlo a Él más que a cualquier otra cosa. Si buscamos a Dios primero, todas las demás cosas serán añadidas (Mateo 6:33). Si al examinar mi vida descubro que la mayoría de mis oraciones son sobre cosas que deseo y circunstancias de mi vida que quiero cambiar, entonces probablemente estoy poniendo mis propios deseos primero en lugar de los de Dios.

Hace veinte años me encontraba orando una mañana por todas las cosas que quería y consideraba que Dios necesitaba hacer por mí, cuando de repente Él me interrumpió. ¿Alguna vez Dios lo ha interrumpido mientras usted pensaba que estaba orando? Yo oraba acerca de lo que era importante para mí, pero no lo hacía de acuerdo a la voluntad de Dios. Lo primero que sentí en mi corazón fue que debía comparar mi vida de oración con la de Jesús o tal vez la del apóstol Pablo. Cuando lo hice, quedé bastante avergonzada por la forma que había estado orando, ya que todas mis oraciones eran por algo que pertenecía al ámbito de lo físico (cosas que deseaba, el crecimiento de mi ministerio, que ciertas personas que me molestaban cambiaran y otros pedidos así por el estilo). Sin embargo, todas las oraciones de Jesús y Pablo eran por cosas más profundas e importantes. Jesús oró por unidad entre los creyentes (Juan 17:20–23). Oró que Dios nos librara del mal. Oró que pudiéramos hacer progresos en la santidad o que fuéramos santificados. Oro que se hiciera la voluntad de Dios y no la suya.

> *Padre, si quieres, pasa de mí esta copa; pero no se haga mi voluntad, sino la tuya.*
>
> Lucas 22:42

Pablo también tuvo una asombrosa vida de oración, y sin embargo, en todas sus oraciones por los creyentes, nunca he encontrado un ejemplo de que orara que fueran librados de las circunstancias adversas o que tuvieran más dinero o mejores condiciones de vida. Lo que encuentro son oraciones para que los creyentes conocieran a Dios, supieran de su herencia en Él y acerca del poder que está disponible para nosotros como sus hijos (véase Efesios 1:17–19), para que el hombre interior fuera fortalecido por el Espíritu Santo, conociéramos y experimentáramos el amor de Dios por nosotros, y fuéramos llenos de la plenitud de Dios (véase Efesios 3:16–19).

En su carta a los colosenses, Pablo oró que los creyentes fueran llenos del conocimiento de la voluntad de Dios y tuvieran toda la sabiduría espiritual. Que pudieran caminar, vivir y comportarse de una manera que agradara por completo a Dios, creciendo de forma continua y aumentando su conocimiento del Señor, siendo fortalecidos con el poder para ejercitar todo tipo de resistencia y paciencia (perseverancia y tolerancia) con gozo, y dándole siempre gracias a Dios (véase Colosenses 1:9–12).

En su carta a los filipenses, Pablo ora para que el amor de ellos abunde cada vez más, que puedan aprender a experimentar y valorar lo que es excelente y tiene un valor real. Él oró que fueran llenos de frutos de justicia (véase Filipenses 1:9–11). Por lo tanto, al igual que las oraciones de Jesús, vemos que las oraciones de Pablo conllevan una profundidad espiritual, en lugar de ser meros pedidos por un cambio de circunstancias.

Si usted compara su vida de oración con estos excelentes ejemplos bíblicos, quizás sienta la necesidad de un cambio en la forma de orar. Si no es así, excelente. No obstante, si necesita un cambio, no hay necesidad de sentirse condenado; solo regocíjese en el hecho de que Dios lo está ayudando a ver la verdad que lo hará libre.

Cuando me percaté de cuán débiles eran mis oraciones, Dios me retó a no pedir por ninguna otra «cosa» más que Él hasta que me liberara de hacerlo así. Quiero comentar que esta temporada de mi vida, la cual duró seis meses, fue una de las más extraordinarias de mi caminar con Dios, y resultó en un cambio de vida para mí. Aprendí a buscar a Dios por quien Él es, en lugar de solo por lo que pudiera hacer por mí. Permítame enfatizar de nuevo que Dios quiere hacer «cosas» por usted, y nosotros podemos pedirle lo que queremos y necesitamos, pero no debemos poner el carro antes que los caballos, por así decirlo. Siempre mantenga las primeras cosas primero y el resto irá ocupando su lugar con mucha más facilidad.

Hacer que cada día cuente depende de tener una relación rica y vibrante con Dios. Nuestras oraciones son importantes, y no deben ser egoístas y enfocarse en nosotros mismos. Oremos y entonces el plan para hacer la voluntad de Dios se cumplirá cada día de nuestra vida.

Resumen del capítulo

- Conocer la voluntad de Dios no tiene que ver principalmente con nuestras circunstancias, sino más bien con conocerlo a Él de una manera más profunda e íntima.
- Mientras más estudie la Palabra de Dios, más respuestas encontrará con respecto a la vida diaria.
- Dios desea que usemos nuestro libre albedrío para elegir hacer su voluntad, y luego que descansemos en Él y su gracia a fin de obtener el poder para lograrlo
- Al descansar por completo en Jesús—en lugar de en nuestra propia fuerza de voluntad—podemos hacer lo que Dios desea que hagamos con su poder (gracia).
- Jesús dijo que el mandamiento más importante era amarlo a Él, y amar a los demás como a nosotros mismos.

CAPÍTULO 3

Viva para la eternidad

*Porque de tal manera amó Dios al mundo, que ha dado
a su Hijo unigénito, para que todo aquel que en él cree,
no se pierda, mas tenga vida eterna.*

Juan 3:16

El versículo que aparece en Juan 3:16 posiblemente sea uno de los más conocidos de la Biblia, ¿pero hemos dejado de pensar acerca de lo que es la vida eterna y estamos preparados para esta? «Eterna» significa que no tiene fin. Así que nosotros nunca tendremos un final; vamos a vivir por siempre. Sin embargo, ¿adónde vamos a ir una vez que dejemos esta tierra (algo que todos haremos tarde o temprano)? La Palabra de Dios nos da solo dos opciones: (1) al cielo para morar con Dos por toda la eternidad, o (2) al infierno, donde será el lloro y el crujir de dientes. Cualquier persona lógica quisiera escoger el cielo, pero muchos viven sus vidas como si a ellos no les importara.

Pienso que es acertado decir que nuestra vida *aquí* es para que la usemos en gran parte a fin de prepararnos para *allá*. Podemos usar nuestro tiempo sabiamente al dedicarlo a hacer la voluntad de Dios. No debemos comportarnos como si el tiempo fuera algo que continúa multiplicándose en nuestras vidas. En realidad, es justo lo opuesto. Cada momento que transcurre nunca regresará de nuevo, así que usarlo de una manera sabia es muy importante. Muchas personas postergan establecer la relación correcta con Dios para otro momento. Usualmente esto se debe a que desean hacer cosas que Dios no aprueba, así que piensan que pueden elegir el momento que les parezca adecuado. ¿Pero qué tal si se les acaba el tiempo? Esta es una pregunta soberana que puede provocar más intercesión de nuestra parte por la pérdida.

¿Cuántas personas viven en verdad para la eternidad en lugar de para el momento? Pienso que no muchas. A menudo vivimos como si no hubiera un mañana, y sin embargo, el mañana siempre llega. Mi deseo con este libro es ayudarlo a que aprenda a aprovechar cada día y a usar su libre albedrío para escoger hacer la voluntad de Dios. Use sus días para representar a Dios bien y prepararse a fin de vivir en su presencia por siempre.

No podemos comprar nuestra entrada al cielo con nuestras buenas obras, pero recibiremos o nos perderemos las recompensas del cielo que se basan en nuestras decisiones y obras mientras estamos aquí. Eso es lo que Jesús dijo en Apocalipsis 22:12:

> *Podemos usar nuestro tiempo sabiamente al dedicarlo a hacer la voluntad de Dios.*

He aquí yo vengo pronto, y mi galardón conmigo, para recompensar a cada uno según sea su obra.

Si consideramos esta escritura seriamente y al pie de la letra, entonces seríamos tontos si no viviéramos nuestra vida como si se tratara de una inversión para la eternidad. Un buen ejemplo de hacer lo correcto a fin de invertir para la eternidad es realizar ofrendas financieras para ayudar a otras personas.

> *A menudo vivimos como si no hubiera un mañana, y sin embargo el mañana siempre llega.*

Nada de las cosas materiales que compramos aquí durarán por siempre. No puedo llevarme ninguna de ellas conmigo, pero lo que hago por otros perdurará por toda la eternidad. El apóstol Mateo dejó esto muy claro en Mateo 6:20:

Haceos tesoros en el cielo, donde ni la polilla ni el orín corrompen, y donde ladrones no minan ni hurtan.

Definitivamente no está mal, ni incluso es una mala decisión, tener cosas materiales. Todo lo que Dios ha creado es para nuestro disfrute, pero debemos reconocer el valor eterno de tales cosas y no considerarlas más importantes de lo que son a la luz de la eternidad. ¿Cuán diferentes serían nuestras vidas si tomáramos todas nuestras decisiones con la eternidad en mente? Cambiarían mucho, me imagino.

Vivir con la idea de la eternidad en mente nos ayuda a tomar mejores elecciones en cuanto a qué hacer con nuestro tiempo. Todo lo que hacemos puede tener un valor espiritual si lo hacemos para la gloria de Dios. Sin embargo, no todo lo que hacemos puede ser espiritual. Debemos atender muchas tareas ordinarias a diario que pueden a menudo parecer bastante mundanas. ¡Emplee su tiempo de cualquier manera que resulte necesaria, pero no lo desperdicie! El tiempo es valioso, y debemos ser sabios para usarlo sabiendo que lo es.

Este mundo no es nuestra casa

Forastero soy yo en la tierra...
Salmo 119:19

Un amigo mío solía cantar en nuestras conferencias, y una de las canciones que más emocionaba a la audiencia trataba de que esta no es nuestra casa, ya que estamos aquí solo de paso. Todos queremos y necesitamos saber que hay algo mejor esperando por nosotros. Esto nos da la fe para soportar las dificultades que podemos experimentar mientras estamos en la tierra.

En *Gladiador*, la exitosa película del año 2000, Russell Crowe interpreta al personaje del general Maximus Meridius, quien anima a sus tropas al recordarle: «Lo que hacemos en la vida tiene su eco en la eternidad».

> ¡Lo que hacemos en la vida tiene importancia y consecuencias eternas!

Este tipo de pensamiento nos exhorta a hacer lo correcto mientras estamos en la tierra, aun si esto significa que debemos dar nuestra vida para lograrlo. Los soldados estuvieron dispuestos a morir por lo que era correcto y confiaron en que recibirían su recompensa en la eternidad. ¡Lo que hacemos en la vida tiene importancia y consecuencias eternas!

Resulta tan fácil quedar atrapados en las realidades de la vida diaria, que olvidamos la más importante realidad de todas: este mundo no es nuestro hogar. En 1 Pedro 2:11 se nos dice que somos «extranjeros y peregrinos» en esta tierra. A pesar de que tenemos temporalmente la ciudadanía terrenal, nuestro verdadero hogar está arriba en el cielo, donde Jesús ha preparado un lugar para nosotros (véase Juan 14:2).

He notado que los primeros creyentes tenían una fe fuerte en que Jesús vendría pronto, y esa es una de las razones por las que querían asegurarse de que su tiempo fuera usado para lo que era realmente importante y tenía valor eterno. Recordar que Jesús iba a venir pronto también los ayudó a hacer buenas decisiones con respecto a sus conductas. Por ejemplo, Pablo instruyó a las personas a ser gentiles y vivir sin egoísmos, recordándoles que la venida del Señor estaba cerca:

> *Vuestra gentileza sea conocida de todos los hombres. El Señor está cerca.*
>
> Filipenses 4:5

Pienso que todos sabemos que si creyéramos que Jesús regresaría en una semana a partir de hoy, haríamos muchos cambios en nuestra vida. ¿Por qué no vivir entonces como si Él pudiera venir pronto, ya que ningún ser humano conoce el día ni la hora? (véase Mateo 24:36).

No necesitamos sentir temor o preocupación con respecto al regreso del Señor si nos encontramos preparados para el mismo. Las personas están muy interesadas en cuándo Jesús podrá regresar y qué podemos esperar que ocurra mientras el tiempo aquí en la tierra llega a su fin. Jesús habló de señales del fin de los tiempos y su segunda venida y nos dijo que estuviéramos preparados. A menudo me pregunto qué pienso de los tiempos del fin, a lo cual me contesto: «No

Nuestra vida presente no es el capítulo final; es simplemente el inicio.

sé con exactitud cuándo Jesús regresará, pero creo que todos debemos vivir como si fuera a volver muy pronto».

Nuestra vida presente no es el capítulo final; es simplemente el inicio. Solo estamos preparándonos para la maravillosa vida por venir. Disfrute esta vida en la tierra, pero asegúrese de estar listo para la siguiente, la cual es eterna. A algunas personas les gusta pensar que ellas se reencarnarán y regresaran como algo o alguien más para tener otra vida, y que el proceso continúa hasta que alcancen la perfección. Para mí, esto es una forma de pensar muy conveniente que le permite a la persona no preocuparse demasiado por la manera en que vive ahora. Las Escrituras tampoco apoyan esto en absoluto, sino que en realidad resulta refutado cuando Pablo les escribió a los hebreos que está establecido que los hombres mueran una sola vez y luego enfrenten el juicio (véase Hebreos 9:27).

Si alguien es un verdadero seguidor de Jesús, enfrentará el juicio concerniente a su salvación, pero podría enfrentar un juicio relacionado con sus obras o la falta de ellas (véase 1 Corintios 3:11–15). Las obras que hicimos con motivos puros perdurarán, y aquellas que realizamos por cualquier otra razón serán quemadas. En otras palabras, si ellas tienen valor eterno, las llevaremos con nosotros y serán recompensadas, pero si no es así, perderemos la recompensa, aunque permanezcamos en el cielo. ¡Conocer estas cosas me da un mayor deseo de hacer que cada día cuente!

Yo no deseo solo ir al cielo; quiero que toda mi recompensa esté esperando por mí, y debido a que este es el caso, debo tener cuidado de cómo vivo ahora. Me encanta lo que Pablo les escribió a los efesios cuando dijo:

> *Mirad, pues, con diligencia cómo andéis, no como necios sino como sabios.*
>
> Efesios 5:15

¿Está usted viviendo con prudencia? ¿Estoy yo viviendo con todo cuidado? Esa es una buena pregunta para hacernos a nosotros mismos y luego dedicar el tiempo a responderla con honestidad. ¿Qué tipos de actitudes y rasgos del carácter estamos demostrando que Dios no aprueba? ¿Cuánto de nuestro tiempo desperdiciamos viviendo de manera egoísta en lugar de amar y servir a los demás y confiar en que Dios cuidará de nosotros?

Recompensas en el cielo

En su libro *Making Today Count for Eternity* [Haga que hoy cuente para la eternidad],[4] su autor Kent Crockett le pide al lector que imagine a un soldado de la Segunda Guerra Mundial, el cual ha resultado herido mientras de manera abnegada rescataba a sus compañeros. Cuando regresa a su país, le hacen entrega de la Medalla de Honor por su servicio patriótico. ¿Qué fue lo que lo motivó a poner su vida en peligro? Cuando su vida estaba en juego en la batalla, él no pensó: *Voy a arriesgar mi vida para así recibir una brillante medalla.* El reconocimiento fue simplemente la forma en que la nación mostraba su aprecio por sus acciones heroicas. Él arriesgó su vida para rescatar a sus amigos y defender la libertad de su país.

Del mismo modo, nosotros no servimos a Dios por una recompensa. Lo servimos porque lo amamos y amamos a aquellos que nos rodean. El apóstol Pablo dijo: «Por tanto procuramos [...] serle agradables» (2 Corintios 5:9). Las recompensas simplemente muestran que Dios siente agrado por nuestra vida, y que aprecia a cualquiera que elige hacer lo correcto.

Cuando hablamos de aprovechar el día y vivir nuestra vida «a propósito», es importante vivir con la mente enfocada en lo eterno. Si nuestras acciones, actitudes y ambiciones se ven definidas por una mentalidad eterna en vez de por una temporal, con seguridad lograremos mayores y mejores cosas para Dios y el crecimiento de su Reino. Cuando hablamos del crecimiento del Reino de Dios, nos referimos a las almas que pasan a formar parte de este. La salvación de los perdidos es lo más importante en la agenda de Dios, y tenemos el privilegio de ser sus representantes personales en la tierra. Dios hace su llamado a los perdidos a través de nosotros (véase 2 Corintios 5:20).

Se cuenta una anécdota humorística acerca de un hombre que estaba siendo seguido de cerca en su automóvil por una mujer muy estresada mientras manejaba por una concurrida calle. De repente, la luz cambió a amarilla justo en frente de él. El hombre hizo lo correcto, deteniéndose en la intercepción, aunque podía haber logrado cruzarla antes de que el semáforo cambiara a la luz roja si hubiera acelerado su auto.

La mujer que lo seguía de cerca se puso furiosa y comenzó a hacer sonar la bocina, gritando en medio de su frustración por haber perdido la oportunidad de cruzar la intercepción, a la vez que dejaba caer su teléfono celular y su estuche de maquillaje.

Mientras todavía se encontraba protestando, escuchó un toque en su ventanilla y, al mirar, vio el rostro serio de un oficial de la policía. Él oficial le ordenó que saliera del auto con las manos en alto. Luego la condujo a la estación de policía, donde la registraron, le tomaron las huellas dactilares, la fotografiaron y la encerraron en una celda. Después de un par de horas, un policía se aproximó a la celda y abrió la puerta. Ella fue escoltada hasta la recepción, donde el oficial que realizó el arresto la esperaba con sus efectos personales.

Él dijo: «Lamento mucho la equivocación. Verá, yo me detuve detrás de su auto mientras que usted estaba haciendo sonar la bocina, maldiciendo y lanzándole una avalancha de insultos al sujeto que tenía enfrente. Entonces noté la calcomanía en el parachoques de su auto que decía "Qué haría Jesús", el marco para su placa con la frase "Escoge la vida", la otra calcomanía que invitaba "Sígueme a la Escuela Dominical, y el emblema cristiano del pececito plateado. Naturalmente, asumí que usted se había robado el auto».

Espero que esta graciosa historia nos ayude a entender

que a pesar de que podemos afirmar que creemos en Jesús y somos cristianos, las personas a nuestro alrededor solo perciben nuestras acciones. Debemos poner de manifiesto nuestras creencias cristianas en nuestra vida diaria, tanto frente a las personas como en casa a puertas cerradas, de modo que resulten eficaces en la construcción del Reino de Dios.

Estamos aquí solo por un corto tiempo, y Santiago 4:14 afirma que nuestra vida en la tierra «es neblina que se aparece por un poco de tiempo, y luego se desvanece». Sin embargo, aunque corta, nuestra vida en la tierra tiene importancia eterna para nosotros y para aquellos que nos rodean. C. S. Lewis afirma: «Apunta al cielo y también le darás a la tierra. Apunta a la tierra y no le darás a ninguno».

La eternidad plantada en nuestros corazones

Había estado experimentado un cierto nivel de insatisfacción sin importar lo que tuviera aquí en la tierra. Me hallaba frustrada por mi aparente incapacidad para sentirme cien por ciento satisfecha, cuando fui guiada, creo que por el Espíritu Santo, a la siguiente escritura:

> [Dios] *ha puesto eternidad en el corazón de ellos, sin que alcance el hombre a entender la obra que ha hecho Dios desde el principio hasta el fin.*
>
> Eclesiastés 3:11

¡Eso lo dice todo! Dios ha puesto un sentido de eternidad y un deseo de vivir en su presencia en nuestro corazón, y nada sino Él mismo puede satisfacer ese deseo. La tierra no es nuestro hogar, y a pesar de que podemos y debemos disfrutar nuestro tiempo aquí, este no es nuestro destino final.

Si pudiéramos sentirnos completamente satisfechos con nuestra vida aquí en la tierra, tal vez no buscaríamos a Dios como debemos, y pienso que es por eso que Dios ha plantado la eternidad en nuestros corazones. Tenemos el sentimiento de que la vida es mucho más que lo que experimentamos a diario. Las personas que no tienen una relación con Dios a menudo se preguntan: «¿Esto es todo lo que hay?». Afortunadamente, aquellos que conocen a Dios creen que hay algo más... ¡sí, mucho más! Nos sentimos entusiasmados y estamos felices de pasar nuestro tiempo preparándonos y esperando por ello. Este conocimiento nos da un sentido de propósito, pero las personas que no tienen una relación con Dios por medio de Jesucristo a menudo afirman que se sienten vacías, inútiles, y como si la vida careciera de un significado real.

¡Dios le da significado a la vida! Él representa todo lo que es importante, y me siento entusiasmada de pasar mi tiempo preparándome para encontrarme con el Señor cara a cara y vivir en su presencia por toda la eternidad. La búsqueda de Dios y su voluntad es la más noble jornada que cualquiera de nosotros puede emprender.

Resumen del capítulo

- Cuando hablamos de aprovechar el día y vivir nuestra vida «a propósito», es importante vivir con la mente enfocada en lo eterno.
- Resulta tan fácil quedar atrapados en las realidades de la vida diaria, que olvidamos la más importante realidad de todas: este mundo no es nuestro hogar.
- No podemos comprar nuestra entrada al cielo con nuestras buenas obras, pero recibiremos o nos perderemos las recompensas del cielo que se basan en nuestras decisiones y obras mientras estamos aquí en la tierra.
- Aunque corta, nuestra vida en la tierra tiene importancia eterna para nosotros y para aquellos que nos rodean.
- Dios ha puesto un sentido de eternidad en nuestro corazón. La vida no es solo el tiempo que pasamos aquí; esta es solo una preparación para la eternidad en el cielo.

CAPÍTULO 4

La recompensa de las decisiones correctas

Os he puesto delante la vida y la muerte, la bendición y la maldición; escoge, pues, la vida, para que vivas tú y tu descendencia.

Deuteronomio 30:19

Las decisiones son algo con lo que nos encontramos cada día. Todas las decisiones conducen a un resultado específico. Cada día determinamos qué tipo de vida vamos a tener basándonos en las elecciones que hacemos.

Recientemente escuché que enfrentamos alrededor de setenta decisiones a diario. Muchas veces permitimos que nuestras emociones, otras personas, las circunstancias o la cultura en la que vivimos dicten las decisiones que tomamos. Si ese es el caso, no terminaremos disfrutando de la vida que en realidad nos gustaría tener, así que necesitamos aprender cómo hacer elecciones que nos conduzcan al resultado que queremos. Es evidente en las Escrituras que Dios desea que tengamos una vida productiva, llena de paz y gozo, pero no la tendremos a menos que tomemos decisiones sabias.

Para mí la sabiduría es hacer ahora aquello con lo que estaremos satisfechos más tarde. Tristemente, muchas personas hacen lo que se siente bien, o lo que resulta fácil en el momento, y no piensan en el mañana hasta que este llega y entonces no les gustan sus circunstancias. ¡Podemos invertir en un buen futuro y garantizarlo si hacemos decisiones sabias hoy! Rick Warren dijo: «Muchos de nuestros problemas ocurren porque basamos nuestras decisiones en autoridades poco fidedignas: la cultura ("Todos lo hacen"), la tradición ("Siempre lo

> *Si no hacemos nuestras propias decisiones, entonces alguien más decidirá por nosotros.*

hemos hecho"), la razón ("Parece lógico") o la emoción ("Se siente bien")».[5]

Una de las formas en que hacemos uso de la autoridad que Dios nos ha dado es ejercitando nuestra libertad de elección de un modo que nos proporciones un resultado final con el que nos sintamos felices. Si no hacemos nuestras propias decisiones, entonces alguien más decidirá por nosotros.

El anterior presidente Ronald Reagan una vez tuvo una tía que lo llevó a ver a un zapatero para que le hiciera un par de zapatos nuevos. El zapatero le preguntó al joven Reagan: «¿Quieres la puntera cuadrada o redonda?». Incapaz de decidir, él no respondió, de modo que el zapatero le dio unos pocos días para que lo pensara. Varios días después, el hombre vio a Reagan en la calle y le preguntó de nuevo qué tipo de puntera quería en sus zapatos. Reagan aún no pudo decidirse, así que el zapatero le dijo: «Bueno, ven en un par de días. Tus zapatos estarán listos».

¡Cuando el futuro presidente lo hizo, descubrió que una puntera era cuadrada y la otra redonda! «Esto te enseñará a no dejar que otras personas decidan por ti», le dijo el zapatero a su indeciso cliente. Reagan comentó mas tarde: «Eso fue algo que aprendí justo allí y en ese momento, si uno no hace sus propias decisiones, alguien más lo hará».[6]

¿Qué está haciendo con su tiempo?

Todas nuestras decisiones son importantes, y ellas tienen un impacto ya sea negativo o positivo en nuestra vida, pero en este libro quiero tratar principalmente con las decisiones que hacemos concernientes al uso de nuestro tiempo. ¿Cuánto de este desperdiciamos y cuánto empleamos sabiamente? ¿Le estamos dedicando nuestro tiempo a aquello que nos ayudará a ser la persona que en realidad queremos ser, o terminaremos un día decepcionados y amargados debido a que la «vida» no resultó de la forma que deseábamos? La «vida» simplemente no resulta de una forma o de otra sin alguna participación de nosotros. A pesar de que ciertamente no podemos controlar todas nuestras circunstancias y las cosas que nos suceden, podemos controlar una gran parte de ellas al hacer el compromiso de conocer la voluntad de Dios para nosotros y entonces decidir de acuerdo a ella.

El mundo está lleno de personas que se sienten resentidas y molestas porque su vida no es lo que quieren que sea, pero si podemos examinar de cerca las elecciones que han hecho durante el curso de su existencia, con frecuencia podríamos descubrir que sus malas decisiones se hallan detrás de sus insatisfacciones. El problema es que a menos que ellos se den cuenta de esto, asuman la responsabilidad y hagan cambios positivos, están atrapados en una situación que nunca mejorará.

Nick Vujicic nació sin brazos ni piernas, y él cierta vez dijo: «A menudo las personas me preguntan cómo me las arreglo para ser feliz a pesar de no tener brazos ni piernas. La respuesta rápida es que tengo una elección. Puedo estar molesto por no poseer extremidades, o puedo sentirme agradecido de que tenga un propósito. Yo escojo la gratitud».[7]

Las decisiones de Nick no tuvieron nada que ver con su falta de extremidades, pero sí tuvieron todo que ver con respecto a cómo resultó su vida. Todos tenemos cosas en nuestra vida que no nos agradan y no hubiéramos escogido de poder decidirlo, pero podemos elegir cómo reaccionaremos a ellas. Mi hermano y yo crecimos ambos en circunstancias muy adversas y yo estoy viviendo una vida fructífera y maravillosa, pero él murió en un edificio abandonado a la edad de cincuenta y nueve años. La diferencia entre nuestras vidas es el resultado de las actitudes que decidimos asumir en cuanto al pasado y las elecciones que hicimos sobre qué hacer con el tiempo que nos quedaba en la vida.

Desperdicié varios años de mi existencia sintiéndome enojada, resentida, desanimada y deprimida, pero afortunadamente al final decidí hacer algo bueno con el tiempo que me quedaba. Si usted quiere comenzar hoy a usar el tiempo que le queda en esta tierra, entonces comience con la decisión de aprovechar su jornada cada día y sea una persona que vive «a propósito». Cada momento de nuestra vida no tiene que estar reglamentado por un plan ni encajar en él, pero por otra parte, si una buena porción de nuestro tiempo no se dedica a algo que tenga propósito y significado, será desperdiciado.

Debemos deshacernos de la idea de que todo lo que nos sucede se basa en un enorme plan cósmico sobre el que no tenemos autoridad. Dios nos ha dado libertad de elección, y su sabiduría está disponible para ayudarnos a tomar decisiones que produzcan una vida de la que estemos orgullosos y que disfrutemos. En Salmo 119:109, David señala: «Mi vida está de continuo en peligro, mas no me he olvidado de tu ley». Él estaba básicamente diciendo: «Puedo hacer lo que quiera, pero escojo vivir de acuerdo a tu Palabra». En las Escrituras encontramos muchas declaraciones que evidencian el derecho de los seres humanos a decidir.

Un día a la vez

Dios no da la gracia para vivir un día a la vez. Nos dice que no nos preocupemos por el mañana y confiemos en Él para cada día según llega. A pesar de que debemos vivir la vida un día a la vez, aun así resulta prudente tener un plan para el futuro. Si tenemos metas que deseamos alcanzar, esto nos ayudará a organizarnos a diario de una forma que nos capacite para lograr esas metas.

Hagamos que cada día cuente para algo. ¿Cómo deseo sentirme en el momento que me vaya a la cama hoy? Quiero estar satisfecha de haber hecho las mejores elecciones que pude, y de que dediqué mi tiempo a lo que en verdad quería dedicarlo. La noche pasada no me sentí muy satisfecha cuando me fui a la cama, ya que había pasado una gran parte de la velada intentando ver televisión y me la pasé cambiando de programas debido a que eran sencillamente ridículos o no me sentía cómoda con su contenido y lenguaje. Incluso cuando no estoy satisfecha con mis decisiones de ayer, puedo hacer unas mejores hoy.

Empezar cada día de la forma correcta es importante. Resulta más probable estar satisfechos con el resultado de un día determinado si lo comenzamos de la manera correcta. La primera cosa que elijo hacer es empezar mi día con Dios. Usted puede pasar un largo tiempo o solo un momento corto con Él, pero el único modo de empezar su día bien es comenzándolo con Dios. Hable con Él, pídale su ayuda y guía en todo lo que haga, y entréguele su día para que Él lo dirija. Relaciónese con la Palabra de Dios de alguna forma: estudiándola, leyéndola, escuchándola u observándola. Ya sea que se trate de un verso de las Escrituras o un capítulo entero de la Biblia, esto lo ayudará.

> El único modo de empezar su día bien es comenzándolo con Dios.

David estaba comprometido a buscar a Dios en las mañanas. Él dijo:

> Oh Jehová, de mañana oirás mi voz; de mañana me presentaré delante de ti, y esperaré.
>
> Salmo 5:3

Cuando acudimos a Dios primero, antes de hacer cualquier otra cosa, eso es una forma de honrarlo y de decir con nuestras acciones: «Apartado de ti, nada puedo hacer» (véase Juan 15:5). Usted puede incluso considerar permanecer en su cama por cinco minutos después que se despierte y usar ese tiempo para hablar con Dios sobre su día. Esta es una buena idea especialmente si tiene niños pequeños o un horario demasiado ocupado con tareas que lo mantienen activo desde que sale de la cama.

David dijo que esperaría que Dios le hablara a su corazón (véase Salmo 5:3). ¿Qué podemos esperar cuando hacemos esto? Yo comencé mi día con Dios y, por supuesto, le pedí su ayuda para escribir hoy. No escuché ninguna instrucción específica, pero creo que Él me está dando ideas mientras pienso en el manuscrito. Si le entregamos nuestro día al Señor, en lugar de planearlo nosotros mismos, Él puede obrar a través de nuestros pensamientos, causando que estos coincidan con su voluntad. Podemos pensar que tenemos una gran idea, pero en realidad es así debido a que Dios ha plantado dicha idea en nosotros.

> *Encomienda a Jehová tus obras, y tus pensamientos serán afirmados.*
>
> Proverbios 16:3

Después de haber comenzado su día con Dios, ahora dedique algún tiempo a pensar en su jornada y qué le gustaría lograr. Usted y yo podemos enfocarnos cada día en un propósito. Permítame darle un ejemplo de cómo planeé mi día hoy:

Me desperté y hablé un rato con Dios. Luego me levanté, me preparé mi café, pasé un tiempo en oración con Dios, y leí un poco de un libro sobre la oración. Hice planes para escribir hasta el mediodía, y luego ir al gimnasio a ejercitarme un poco y dar una caminata. Más tarde me bañaré, lavaré mi cabello y me vestiré. Probablemente me tome otra taza de café y coma alguna merienda. A continuación tal vez escribiré un poco más o me encargaré de hacer algunas llamadas telefónicas. Me reuniré con Dave para cenar y disfrutar de ese tiempo con él y de la comida. Regresaremos a casa, y pasaremos el resto de la noche descansando y tal vez viendo una película.

He organizado este día de modo que pueda hacer algo de trabajo, ejercitarme, caminar en medio de la naturaleza, dedicar unos momentos al arreglo personal, tener un tiempo para disfrutar y lograr un buen descanso. También tendré comunión con Dios a lo largo del día, dándole gracias por su presencia y pidiendo su ayuda para hacer las cosas. ¡Planear su día y administrar su tiempo no significa que tiene que trabajar toda la jornada, sino que necesita hacer lo que hace con toda intención! Incluso si decido tumbarme en el sofá todo el día a mirar películas, debo hacer esto debido a que planeé hacerlo, no porque estaba limpiando la casa y vi el sofá, me tumbé en él, encendí el televisor, y permanecí allí todo el día mientras pensaba: *No debería estar haciendo esto*.

El hecho de que haya planeado mi día no significa que todo saldrá exactamente como pensé, pero al menos tendré una dirección y un propósito en mente. Las personas llenas de resolución aprovechan al máximo el tiempo y los talentos que Dios les ha dado.

Cada día es distinto y presenta diferentes responsabilidades y retos, así que debemos planear cada uno como corresponde. Algunas veces puedo trabajar todo el día, en otras ocasiones puedo estar con la familia y los amigos la jornada completa. Planear nuestros horarios teniendo en cuenta la variedad es muy importante para no estar aburridos con la vida.

Me estoy entrenando a mí misma para desarrollar este proceso de pensamiento cada día, ya que quiero canalizar mi tiempo hacia las cosas que darán buenos frutos. Me niego a desperdiciar mi vida. Yo solo tengo una y no tendré otra cuando esta haya terminado, así que quiero hacer que cuente.

He considerado la semana, el mes y el año, y tengo una vaga idea de qué necesito hacer y lograr, dónde necesito estar, y qué tengo que hacer para llegar a allí. Tengo metas de gran alcance y de poco alcance, y espero que usted también, pero aun así tenemos que vivir un día a la vez si queremos disfrutarlo y no sentirnos abrumados. Lo que decidamos hoy es parte de lo que queremos que suceda aun en un futuro distante.

Usted puede haber escuchado el dicho: «Los hombres planean y Dios se ríe». Esta es una declaración graciosa y tiene su valor, pero también pienso que cuando una persona no hace planes, no tiene dirección. Elabore un plan y trabaje en él, pero siempre esté dispuesto a permitir que Dios cambie su plan si acaso tuviera uno equivocado.

Cuando las cosas no marchan de acuerdo al plan

No importa cuán bien planeemos, las cosas rara vez resultan de acuerdo a nuestro plan. Algunas de las interrupciones con que lidiamos podrían evitarse si nos mantuviéramos más firmes en nuestras decisiones, pero muchos no lo consiguen. Cualquier tendencia que usted pueda tener a sentirse culpable o condenado cuando no cumple sus metas no solo es inútil, sino en realidad resulta contraproducente. Si yo no cumplo con lo que quiero hacer hoy, simplemente lo dejo para mañana. No obstante, al mismo tiempo, también examino mi vida y trato de aprender de la experiencia cómo puedo mantenerme cumpliendo con lo planeado. Deseo permitir las interrupciones que no pueden evitarse, pero no aquellas cosas innecesarias que me distraen. No puedo esperar que otras personas me lleven por buen camino, ya que eso es algo que tengo que hacer yo misma. No debo culpar a las personas que me interrumpen si no estoy dispuesta a asumir la responsabilidad por permitir sus interrupciones. ¡No puedo impedir que alguien me llame en el momento equivocado, pero no tengo que responder el teléfono! O puedo responder una llamada, pero no tengo que enfrascarme en una larga conversación que no es necesaria sobre algo.

Algunas personas están más dotadas de una forma natural en lo que respecta a mantenerse enfocadas, pero cualquiera puede mejorar mediante la práctica. Usualmente soy una persona bastante enfocada, pero conozco a varios que luchan en esta área. Apegarse a un plan resulta más difícil para ellos, pero no imposible. «Haga lo mejor que pueda y manténgase creciendo», es siempre mi consejo. Nuestra relación con Dios no se basa en nuestro plan para el día, o en cuán organizados somos, y Él nos ama incondicionalmente. Sin embargo, vivir la vida «a propósito» es

¡Haga lo mejor que pueda y manténgase creciendo!

la única forma en que vamos a terminar siendo la persona que realmente queremos ser y a disfrutar la mejor vida que podamos.

Parte del problema que enfrentamos todos en nuestra sociedad es que la mayoría de nosotros trata de hacer muchas cosas, y «demasiado» de algo, incluso de una cosa buena, usualmente se convierte en algo malo. Debemos hacer solo lo que podemos hacer de un modo tranquilo, y cuando la paz nos abandone, precisamos reorganizarnos y tomar las medidas necesarias para recuperarla de nuevo.

Nosotros confeccionamos nuestros horarios y solo nosotros podemos cambiarlos, así que en lugar de correr frenéticamente a través de la vida intentando hacer todo lo que complace a los demás, podemos aprender a decir que no en el momento apropiado. Si le pregunto a una multitud que cuántos de ellos piensan que tienen muchas cosas que hacer, casi todos levantarán su mano, pero Dios nunca tuvo la intención de que su pueblo viviera bajo estrés y presión. La vida debe ser disfrutada a plenitud, y eso no es posible si constantemente nos sentimos presionados por un horario excesivo que causa que corramos de modo frenético a través del día.

Parte de convertirse en una persona que vive «a propósito» o de forma intencional es desarrollar una habilidad para organizar su vida de una manera en que todos los ámbitos se encuentren equilibrados. Es por eso que cuando planeo mi día, casi siempre separo un tiempo para el descanso y el disfrute así como también para el trabajo.

¡Disfrutará su vida mucho más si aparta un tiempo apropiado para usted! No está siendo egoísta si cuida de sí mismo, porque el mejor regalo que puede hacerle a su familia y amigos es mantenerse saludable.

Resumen del capítulo

- Cada día determinamos qué tipo de vida vamos a tener basándonos en las elecciones que hacemos.
- La sabiduría es hacer ahora aquello con lo estemos satisfechos más tarde.
- La mejor decisión que usted puede hacer cada día es comenzar ese día pasando un tiempo con Dios.
- Puede enfocarse en cada día con un propósito. Elabore un plan y apéguese a él.

CAPÍTULO 5

¿Adónde va a parar todo el tiempo?

Señor, recuérdame lo breve que será mi tiempo sobre la tierra. Recuérdame que mis días están contados, ¡y cuán fugaz es mi vida!

Salmo 39:4 (NTV)

Al final de cada año probablemente decimos y escuchamos bastante a menudo: «No puedo creer que este año ya se haya ido» o «No puedo creer que ya sea la época de Navidad de nuevo». Con frecuencia oímos cosas como: «El tiempo vuela», «¿A dónde se fue todo el tiempo?» y «Mis hijos ya están grandes y no recuerdo haberlos visto crecer». Le parecerá algo interesante si comienza a escuchar todos los comentarios que hacemos sobre el tiempo. La mayoría de nosotros indica con sus palabras que no tenemos suficiente de este y que marcha más rápido de lo que comprendemos.

Sin embargo, el tiempo se mueve ahora a la misma velocidad que lo ha hecho siempre. Así que cuán rápido este parece ir debe tener algo que ver con las decisiones que hacemos. Todos tenemos exactamente la misma cantidad de tiempo cada día. Disponemos del mismo número de horas, minutos y segundos. Sin embargo, algunas personas son muy prudentes con ellos y logran grandes cosas, y otras—muchas otras—desperdician el tiempo. Ellas usan el tiempo para propósitos equivocados o cometen el error de pensar que siempre tendrán mucho más de este. Ninguno de nosotros sabe con exactitud cuándo nuestro tiempo en la tierra terminará. Cada día que Dios nos da es un regalo, y es por eso que le llamamos el «presente». Necesitamos desenvolver el regalo con todo cuidado, atesorándolo, usándolo plenamente y con sabiduría, invirtiéndolo en algo de lo que estemos orgullosos más tarde en la vida.

Si tiene la suficiente edad para recordarlos, podrá sentarse y hablar sobre los buenos días pasados, cuando la vida marchaba lento, pro esto no traerá de vuelta ese tiempo una vez más. Lo que debemos hacer ahora es manejar nuestro tiempo de manera que obtengamos el mayor beneficio que podamos de él. Esta escritura dice mucho acerca de esto, y es una de mis favoritas:

> *Mirad, pues, con diligencia cómo andéis, no como necios sino como sabios, aprovechando bien el tiempo, porque los días son malos. Por tanto, no seáis insensatos, sino entendidos de cuál sea la voluntad del Señor.*
>
> Efesios 5:15–17

En estos tres versículos de la Biblia, Dios nos dice:

1. Que seamos cuidadosos con respecto a nuestro tiempo y nuestras decisiones.
2. Que seamos personas que viven «a propósito».
3. Que vivamos una vida que valga la pena.
4. Que realmente pensemos en lo que estamos eligiendo hacer y hagamos decisiones sabias.
5. Que aprovechemos al máximo nuestro tiempo.
6. Que no desperdiciemos las oportunidades.
7. Que no seamos pasivos, vagos, irreflexivos y tontos.
8. Que conozcamos la voluntad de Dios y nos aferremos a ella de modo firme.

Quiero exhortarlo a que se haga las preguntas que ha leído en este libro. Dudo que el mismo le proporcione algún bien perdurable si solo lo lee a fin de hacer algo, o simplemente para leer mi última obra. Pregúntese a sí mismo cosas como: «¿Estoy aprovechando al máximo mi tiempo?». «¿Estoy aferrándome firmemente a la voluntad de Dios para mi vida y negándome a permitir que algo me la robe?». «¿Estoy viviendo la vida "a propósito", o dejando que las circunstancias y las personas controlen mi destino?». «¿Estoy satisfecho con mis elecciones la mayoría del tiempo?». «¿Cuán a menudo digo: "No sé a dónde va a parar el tiempo"?». «¿Estoy aprovechando cada día que Dios me da y haciendo lo mejor con ellos?».

He llegado a la conclusión de que tengo la responsabilidad de saber a dónde va a parar mi tiempo y detenerme lo suficiente para hacer un inventario de qué estoy haciendo con el mismo, así como también de asegurarme de que eso es realmente lo que quiero hacer. Una cosa que disfruto es mirar mi calendario, donde anoto la mayoría de las cosas que hago, y revisarlo. Esto me permite dos cosas: (1) la oportunidad de recordar lo que he hecho y quizás de disfrutarlo de nuevo, o (2) en última instancia, aprender de cualquier error que pude cometer al pasar tiempo haciendo cosas que ahora deseo no haber hecho. Otra cosa que practico con regularidad es repasar todo mi día al ir a la cama en la noche, recordando todo lo que hice desde que me levanté en la mañana.

Algunas veces descubro que hice más de lo que pensé hacer. Otras veces me doy cuenta de que a pesar de que tenía un plan, Dios lo interrumpió y me llevó en la dirección que él quería que fuera. Y revisar mi día también me da la oportunidad de determinar si lo usé sabiamente o lo desperdicié. ¿Permití que algo que no era importante me disociara? ¿Perdí mi enfoque en lo que resultaba en verdad importante y terminé sin hacer nada de lo que realmente quería hacer? ¿Quizás acudí a la internet a buscar algo, y de algún modo terminé mirando vídeos graciosos en YouTube por tres horas? ¡Esta mañanaza hice esto último, pero afortunadamente fue solo por treinta minutos y Dave me preguntó si estaba mirando dibujos animados! Ciertamente, no hay nada malo en mirar vídeos graciosos en YouTube a menos que nos distraiga de algo más que en verdad necesitamos hacer.

Dudo que haya un día en el que permanezca apegada al plan durante toda la jornada y no desperdicie ningún tiempo en absoluto. Somos seres humanos con debilidades inherentes, pero podemos mejorar y crecer si oramos y confrontamos los aspectos inapropiados de nuestra vida.

No desperdicie el presente preocupándose por el ayer

Algo que usted no quisiera hacer en la mañana es levantarse y descubrir cuánto tiempo desperdició ayer, y luego seguir desperdiciándolo hoy al sentirse culpable por sus malas decisiones del día anterior. Zig Ziglar dijo: «Preocuparse no elimina los problemas de mañana, esto nos quita la paz de hoy».

Un día de esta semana tuve mi tiempo de oración en la mañana, como siempre lo hago, y estaba completamente dispuesta a permanecer en comunión con Dios todo el día; sin embargo, cuando llegó la tarde me di cuenta de que había salido de mi oficina después de orar y no había pensado en el Señor durante el resto del día... ¡porque estaba ocupada, ocupada, ocupada! Me había comenzado a sentir culpable, o quizás solo decepcionada conmigo misma, cuando el Señor me recordó que no desperdiciara el día de hoy lamentándome por el ayer. ¡Su misericordia es nueva cada mañana, y podemos siempre comenzar de nuevo!

Esa noche me sentí asombrada de cuán a menudo el Señor había ocupado mis pensamientos y la gran comunión que habíamos disfrutado durante todo el día, pero también creía con fuerza que me habría perdido la oportunidad si hubiera continuado con mis lamentos. ¡Se me recordó que Dios está conmigo incluso cuando no estoy consciente de Él, y comprende que estoy en un proceso de crecimiento y ve mi corazón! Lo mismo es cierto para usted.

La mayoría de los días, mis metas son mayores que lo que soy capaz de lograr, y esto no me molesta si al menos he hecho algunos progresos en lo que respecta a su cumplimiento.

Elija al menos una cosa que quiera hacer cada día.

No importa cuánto hagamos, siempre queda algo por hacer, así que le recomiendo encarecidamente que celebre lo que ha logrado y avance al nuevo día y comience otra vez. Quizás una buena meta con la cual comenzar si necesita ayuda en este aspecto es elegir al menos una cosa que quiera hacer cada día en lugar de llenarse de expectativas poco realistas y sentimientos de fracaso.

Cuando usted falla o comete errores, lo mejor que puede hacer es admitirlos y dejar que sean como un maestro para su futuro. Nuestros errores pueden resultar valiosos si aprendemos de ellos.

Cómo emplear el tiempo

Un día me encontraba tomando una ducha y hablando con el Señor, más o menos solo verbalizando mis sentimientos, y dije: «Señor, siento como si pasara mucho tiempo cuidando de mí misma». Estaba pensando en cómo mi dentista quería que me cepillara los dientes durante tres minutos cada vez que lo hiciera, que siempre usara un hilo dental, y debido a que tengo varias coronas en mi dentadura, que me hiciera una limpieza cada tres o cuatro meses. Tengo visitas y chequeos con los doctores, me esfuerzo para cuidar de mi piel, voy a cortarme el cabello cada dos semanas, me ejercito con un entrenador tres veces a la semana, y si es posible camino de cuatro a cinco millas (siete u ocho kilómetros) cada día. ¡Y por supuesto, debo arreglarme las uñas! Tomo nutrientes y me esfuerzo por comer alimentos buenos y saludables, y bebo abundante agua.

Estoy constantemente empacando y desempacando ropa y las he seleccionado con todo cuidado de modo que pueda lucir lo mejor posible en mis conferencias. A veces me siento agotada de hacer esas cosas una y otra vez, y entonces recuerdo que no me gustará mi cosecha si no siembro buena semilla. Usted necesitará pedirle a Dios que le dé cualquier cosa que desee tener, y luego debe estar listo para hacer lo que sea que Él le dirija a hacer. ¡Usted siembra la semilla y Él trae la cosecha! La mayoría de las personas quiere ser saludable, fuerte, lucir bien, pero no todos hacen inversiones para ayudar a que esto suceda.

Estaba reflexionando en esos asuntos y otros más que ya era tiempo de considerar, cuando me vino la idea de que todos tenemos la misma cantidad de tiempo y decidimos cómo emplearlo. Yo empleo mi tiempo en esas cosas que he mencionado, así como en muchas otras.

> *Cada día gastamos nuestro tiempo, y una vez que lo hacemos, ya no lo podemos recuperar.*

El tiempo no puede almacenarse y luego usarse más tarde. Cada día gastamos nuestro tiempo, y una vez que lo hacemos, ya no lo podemos recuperar. Si compramos algo con dinero y no estamos felices con ello, podemos frecuentemente devolverlo al lugar donde lo compramos y recuperar nuestro dinero, o cambiarlo por alguna otra cosa, pero no sucede lo mismo con el tiempo. Una vez que este se ha ido, no es posible recuperarlo. ¡Es por eso que debemos usar nuestro tiempo con sabiduría! Queremos invertir nuestro tiempo, no desperdiciarlo.

Es sabio pasar el tiempo descansando, adorando y orando, estudiando la Palabra de Dios, relajándonos, riendo, desarrollando las relaciones personales y disfrutando la vida, así como también completando una carrera y cumpliendo nuestras metas financieras. También considero que es sabio invertir tiempo en nosotros mismos. Cuando le dije al Señor: «Siento como si pasara mucho tiempo cuidando de mí misma», no sentí que Él me estuviera reprendiendo en absoluto. No pensé que estaba siendo egoísta o enfocándome demasiado en mi persona, porque sé que si no cuido de mí misma, no podré completar mi jornada con Dios. Tengo la plena intención de terminar lo que Dios me ha llamado a hacer. Así que considero que estoy invirtiendo parte de mi presente en el futuro que Dios ha ordenado para mí, y esto no es un desperdicio.

Permítame decirle con todo respeto que usted podría beneficiarse grandemente si pasara más tiempo cuidando de su persona. Podría vivir más, se sentiría mejor, pasaría menos tiempo en el médico y gastaría menos dinero en medicinas. Usted puede emplear su tiempo en ser saludable o puede emplearlo en ocuparse de sus problemas físicos, pero de cualquier forma tendrá que gastar tiempo.

Hace poco necesité un reemplazo total de cadera, y el doctor dijo que la cirugía había sido muy fácil porque yo estaba en muy buena forma y tenía gran densidad ósea. ¡Sané muy rápido, así que me ahorré una enorme cantidad de tiempo debido a que había invertido tiempo ejercitándome previamente! Por otra parte, tengo solo seis dientes sin coronas, ya que no dediqué mucho tiempo a ir al dentista mientras era joven. No me hice una limpieza con regularidad, ni tampoco usaba hilo dental. Cepillaba mis dientes, pero obviamente no lo bastante bien. Estaba «ocupada» y no quería emplear mi tiempo en eso, ¡así que terminé gastando una gran cantidad de tiempo y dinero en reparar los resultados de mis malas decisiones!

¿Está usted empleando su tiempo en cosas de valor que le reportarán beneficios ahora y más tarde? Si no es así, puede hacer cambios. Considere estas tres afirmaciones:

1. Su vida es suya y usted puede encargarse de ella.
2. Su tiempo es suyo y puede dedicarlo a hacer la voluntad de Dios para su vida.
3. Su horario es suyo; si no le gusta, recuerde que usted lo hizo y solo usted puede cambiarlo.

Esas son cosas que Dios me ha enseñado a lo largo de los años, y espero que compartirlas con usted lo ayude a usar su tiempo de manera más sabia.

Hacer cambios en su vida con frecuencia lleva tiempo. Si una embarcación enorme está navegando en la dirección equivocada, se necesitará alguna estrategia y tiempo para lograr que

Su tiempo es suyo y puede dedicarlo a hacer la voluntad de Dios para su vida.

dé la vuelta por completo. Sucede lo mismo con una vida que va en la dirección errada. No sea impaciente, pero comprométase a encontrar y aferrarse firmemente a la voluntad de Dios para su vida.

Qué elegir cuando no se puede hacer todo

Cuando fallamos en lo que respecta a usar nuestro tiempo con sabiduría, siempre se debe a que hacemos malas decisiones, pero es posible que nuestro corazón esté acertado por completo y que simplemente estemos intentando hacer todo lo que pensamos que se espera de nosotros. La mayor parte de los años en que hice «demasiado», y viajé «demasiado», y traté de agradar a las personas «demasiado», no me di cuenta de que no estaba haciendo otra cosa que intentando hacer lo que estaba bien. Necesité varios años, y unos pocos encuentros con algunas enfermedades relacionadas con el estrés, para que me percatara de que si estaba haciendo lo verdaderamente correcto, entonces debería estar obteniendo mejores resultados.

Dios no nos ha llamado a sentirnos enfermos, agotados y desdichados. En realidad, Él prometió exactamente lo opuesto:

> Venid a mí todos los que estáis trabajados y cargados, y yo os haré descansar. Llevad mi yugo sobre vosotros, y aprended de mí, que soy manso y humilde de corazón; y hallaréis descanso para vuestras almas.
>
> Mateo 11:28–29

Si seguimos a Jesús y su forma de hacer las cosas, deberíamos estar llenos de energía en lugar de sentirnos cansados y agotados. Viviríamos en paz y experimentaríamos contentamiento. Él nos conduciría junto a aguas de reposo, y allí restauraría nuestras almas (véase Salmo 23).

Jesús y los discípulos ministraron a las personas en gran necesidad. Eran tantas la gente que acudía a ellos, que no tenían tiempo de comer ni descansar. Por lo tanto, ¿qué hizo Jesús? Él dijo: «Vayamos solos a un lugar tranquilo para descansar un rato» (Marcos 6:31, NLT). ¡Asombroso! Jesús se alejó temporalmente de las necesidades válidas a fin de cuidar de sí mismo y poder terminar lo que Dios lo había enviado a hacer.

Cuando usted no puede hacerlo todo, debe escoger lo que es mejor para el momento presente. Jesús sabía que era mejor dejar que las necesidades de las personas esperaran momentáneamente de modo que Él y sus discípulos pudieran descansar y comer. Esto le permitió prepararse de la manera adecuada para satisfacer las necesidades de la gente a su debido tiempo.

Hoy, terminé con muchos planes y poco tiempo, así que tuve que hacer algunas elecciones. Decidí no ir a dar mi caminata y emplear el tiempo en escribir este libro. Sabía que si no lograba algunos progresos en el manuscrito, no me sentiría bien conmigo misma. Caminaré mañana, pero hoy, trabajar en el libro era más importante. He llegado al final de muchos días y no me he sentido feliz con mis elecciones durante la jornada, y eso es algo que quiero evitar en el futuro.

Cuando usted no pueda hacerlo todo, recuerde que hay un tiempo para todas las cosas; todo es hermoso en su tiempo (véase Eclesiastés 3). Conocer el momento oportuno de Dios es equivalente a conocer su voluntad. Si usted está haciendo algo según el tiempo de Dios, será por completo hermoso y satisfactorio.

Resumen del capítulo

- El tiempo es un regalo que necesitamos desenvolver con todo cuidado, atesorándolo, usándolo plenamente y con sabiduría, invirtiéndolo en algo de lo que estemos orgullosos más tarde en la vida.

- Tenemos la responsabilidad de saber a dónde va a parar nuestro tiempo y detenernos lo suficiente para hacer un inventario de qué estoy haciendo con el mismo.
- No importa cuánto usted haga, siempre queda algo por hacer, así que celebre lo que ha logrado y avance al nuevo día y comience otra vez.
- El tiempo no puede almacenarse y luego usarse más tarde. Use de la mejor manera el tiempo que Dios le ha dado hoy.

CAPÍTULO 6

Diez formas de evitar que desperdicie su tiempo

Saquen el mayor provecho de cada oportunidad en estos días malos.

Efesios 5:16 (NTV)

Dudo mucho que usted quiera desperdiciar su tiempo (sé muy bien que no quiero desperdiciar el mío) y aun así todos lo hacemos en algún grado, de modo que démosle una mirada a las maneras en que esto ocurre:

1. Cuando usted se queja demasiado acerca de su horario tan ocupado, eso es una buena señal de que necesita hacer un cambio.
2. No podemos hacerlo todo y hacer algo bien.
3. ¿A qué cosas les permite apropiarse de su tiempo?
4. ¿Está solo ocupado, o es productivo?
5. ¿Es capaz de mantenerse enfocado en lo que realmente quiere hacer?
6. ¿Pasa usted más tiempo hablando de las cosas que necesita hacer que en realidad haciéndolas?
7. ¿Obtiene más tiempo dejando de dormir y luego pierde tiempo porque está cansado?
8. ¿Cuán a menudo comete errores debido a que hace las cosas de prisa?
9. ¿Con cuánta frecuencia tiene que reparar algo porque no quiso gastar el dinero para hacerlo bien en un inicio?
10. ¿Lidia usted con los problemas pequeños a fin de impedir que se conviertan en problemas mayores?

Con el objetivo de aprovechar al máximo el tiempo que Dios le ha dado, analicemos estas cosas con un poco más de profundidad.

Quejas

Quejarse es una práctica negativa. Casi siempre los que se quejan son aquellos que experimentan circunstancias in-deseadas y que no pueden cam-biar, o aquellos a los que no les gustan sus circunstancias y sim-plemente *no* hacen nada en cuanto a ellas. Sin embargo, de cualquier manera quejarse es inútil y no cambia nada. La oración combinada con la acción según la dirección de Dios es la única respuesta a cualquier problema que enfrentemos. La Palabra de Dios nos enseña a no preocuparnos y desha-cernos de nuestras inquietudes, pero nunca dice que recha-cemos nuestra responsabilidad.

> *Quejarse es inútil y no cambia nada.*

Con frecuencia las personas que más se quejan son aque-llas que no hacen nada para ayudar a cambiar las circuns-tancias de las que se lamentan.

No desperdicie su tiempo permitiendo interrupciones in-necesarias, o por no disciplinarse a sí mismo a fin de per-manecer enfocado y luego quejarse de cuán poco tiempo tiene. Cuando nos quejamos, permanecemos en la misma situación, pero si estamos dispuestos a asumir la respon-sabilidad y hacer cambios positivos, Dios nos dará instruc-ciones en cuanto a qué hacer.

Actuar de manera positiva para cambiar algo que no nos agrada es mucho más fácil que quejarse pasivamente sobre el asunto. Dios nos creó para ser activos, y simplemente no funcionamos bien a menos que tengamos la disposición para encontrar soluciones a nuestros problemas en vez de murmurar y ser infelices. ¡Definitivamente, Dios nos mos-trará qué hacer si estamos dispuestos a hacerlo!

¡Y mientras estamos esperando por nuestro progreso,

la Palabra de Dios nos instruye a dar gracias en todas las cosas! Así que reemplace todo su mal humor con la gratitud y encontrará la solución a sus problemas rápidamente.

> *Den gracias a Dios en toda situación, porque esta es su voluntad para ustedes en Cristo Jesús.*
>
> 1 Tesalonicenses 5:18 (NVI)

Prioridades

Una prioridad es algo que se considera más importante que otra cosa. Cuando decimos: «No tengo tiempo», lo que queremos dar a entender en realidad es: «Eso no es mi prioridad». Es de esperar que la mayoría de nosotros crea que lo que hacemos es importante o de lo contrario no emplearíamos tiempo en hacerlo, pero ciertas cosas deben siempre ser más importantes que otras.

Resulta necesario que tengamos la capacidad de saber qué cosas de nuestra vida son las fundamentales para nosotros y luego asegurarnos de que apartamos 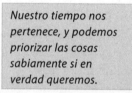 *Nuestro tiempo nos pertenece, y podemos priorizar las cosas sabiamente si en verdad queremos.*

un tiempo para ellas. Si no lo hacemos así, nos pasaremos la vida haciendo lo que es urgente en lugar de lo que es importante. Usualmente hacemos lo que en verdad queremos hacer, pero rara vez lo admitimos. Si no estamos haciendo lo que en nuestro corazón sabemos que debemos hacer, a menudo excusamos nuestra conducta diciendo que no tenemos tiempo. Solo he escuchado a una persona decir: «No me ejercito porque no quiero», pero he oído a cientos afirmar que no tienen tiempo para esta actividad. Nuestro tiempo nos pertenece, y podemos priorizar las cosas sabiamente si en verdad queremos.

El apóstol Pablo oró que los creyentes pudieran aprender a discernir lo que resultaba vital y aprobaran lo que era excelente y de un valor real (véase Filipenses 1:9). Aun si pensamos que lo que estamos haciendo puede ser bueno, es posible que no sea lo mejor.

Las personas con frecuencia me preguntan cómo me las arreglo para mantener mis prioridades en el orden correcto debido a que tengo bastantes responsabilidades en mi vida, y yo siempre les contesto que me mantengo constantemente corrigiéndolas. Me he dado cuenta de que tengo que examinar mi vida con regularidad para asegurarme de que no me estoy permitiendo perder el equilibrio. Mi relación con Dios es lo más importante para mí, así que debe ser lo primero a lo que le dedico mi tiempo y atención. Mi familia es lo siguiente, así que siempre aparto un tiempo para ella. Precisamente hoy en la mañana le dije a alguien que no importa lo que estoy haciendo, siempre atiendo las llamadas de mis hijos si es posible, porque nunca quiero que piensen que el ministerio es más importante para mí que ellos. Mi salud también es importante, y dedico tiempo a mantenerla en buen estado. Obviamente, el ministerio que Dios me ha encomendado es muy importante y requiere una gran cantidad de mi tiempo.

Debo admitir que durante los primeros años de mi ministerio, a menudo me encontraba fuera de equilibrio en varias áreas de mi vida. Estaba muy ocupada y no había aprendido muchas de las cosas que sé ahora, de modo que a veces permitía que lo menos importante tomara la precedencia sobre lo que debía haber sido más primordial. Afortunadamente, Dios cubre algunos de nuestros errores cuando nos falta conocimiento, pero cuando los cometemos teniendo el conocimiento, Él espera que hagamos los cambios necesarios.

No se enfoque en los detalles pequeños

Seguramente habrá escuchado los dichos: «No se enfoque en los detalles pequeños» o «No cuele el mosquito y se trague el camello». Ambos se refieren a que no debemos darle importancia a las cosas que a largo plazo no son realmente significativas.

Le he escuchado a mi amigo John Maxwell enseñar que debemos dedicar el ochenta por ciento de nuestro tiempo a nuestras primeras veinte fortalezas. Muchas personas desperdician su tiempo tratando de corregir debilidades que pueden solo mejorar muy poco, sin importar cuánto esfuerzo pongan en ello, mientras ignoran el desarrollo de sus fortalezas y aquello por lo que verdaderamente se destacan.

Si todo constituye una prioridad para nosotros, entonces nada es una prioridad, y viviremos confundidos y frustrados. Algunas personas tratan de abarcarlo todo, así que no hacen nada realmente bien. ¿Es usted capaz de enfocarse en lo que en verdad resulta importante y siempre asegurarse de que le brinda a tales cosas la atención que merecen? ¡Si no es así, este es un buen momento para convertirse en una persona que vive «a propósito» y es capaz de aprovechar el día! En nuestro ministerio con frecuencia decimos: «Asegurémonos de que el beneficio que cosechamos de un proyecto es proporcional al tiempo que invertimos en este».

Algunas personas tratan de abarcarlo todo, así que no hacen nada realmente bien.

Los secuestradores del tiempo

Todos tenemos cosas en nuestra vida que nos hacen desperdiciar el tiempo, pero podemos estar conscientes o no de cuáles son. Si alguien ha participado en una historia de secuestro en un avión, él o ella definitivamente estará en la lista de «prohibido volar», y del mismo modo los secuestradores del tiempo de los que estamos conscientes deberían registrarse en la lista de «prohibido el acceso». En otras palabras, ellos pueden golpear la puerta de nuestro tiempo, pero no debemos permitirles entrar. Si no está consciente de las cosas que secuestran su tiempo, simplemente dedique una semana a observar su vida y tendrá conocimiento del asunto.

Las tecnologías de comunicación moderna como teléfonos celulares, correos electrónicos, Facebook, Twitter, Facetime y los mensajes instantáneos (para nombrar unas pocas) pueden ser secuestradores de tiempo. Si los sufrimos, no podemos culparlos a ellos por molestarnos con sus notificaciones, porque están solo haciendo lo que fueron creados para hacer. Es nuestra responsabilidad ignorarlos a menos que en verdad queramos conocer el mensaje que nos están dando. A pesar de que esas comodidades modernas poseen sus beneficios, no tenemos que dejar que ellas nos controlen.

Por lo menos, necesitamos aprender a ver quién está tratando de contactarnos y, si estamos ocupados con una prioridad mayor, preguntarnos a nosotros mismos si podemos esperar. Cada vez que somos interrumpidos es necesario tiempo y esfuerzo regresar a lo que estábamos haciendo. Estas comodidades modernas pueden ser unos de los más grandes culpables de la creciente falta de habilidad de las personas para enfocarse en lo que están realizando.

Las personas también pueden convertirse en secuestradores de su tiempo. ¡Alguna gente es capaz de mantenerse hablando incluso después de que usted le ha dicho que le resulta imposible conversar en ese momento! Ellos piensan que sus emergencias superan a cualquier cosa que usted puede haber planeado. Si sabe cuáles individuos probablemente hablarán demasiado o sobre algo que implica una pérdida de tiempo, es mejor que no conteste, o que tal vez les mande un mensaje de texto diciéndoles que es incapaz de hablar en ese instante.

A menudo lo que roba nuestro tiempo es lo inesperado. Nos encontramos con un amigo de improviso y él o ella puede sentirse ofendido si no nos detenemos un tiempo para hablar, así que perdemos treinta minutos que planeamos dedicar a algo más. Precisamos hacer una reparación que no esperábamos y esto lleva tiempo; no hay acceso a la internet y dependemos de ella para terminar un proyecto; el perro se enferma y tenemos que llevarlo al veterinario. Las cosas como estas no pueden evitarse—simplemente son parte de la vida—pero si se trata de algo que podemos controlar, es nuestra responsabilidad hacerlo. Con el objetivo de no sentirme frustrada, a menudo considero un tiempo para las interrupciones en mi horario, ya que casi siempre experimento alguna; y luego, si nadie me interrumpe, siento que he recibido un regalo de tiempo que no esperaba.

Con frecuencia somos nuestro peor enemigo cuando se trata de desperdiciar el tiempo. Puedo estar concentrada preparando un mensaje para uno de mis seminarios y al mirar por la ventana en determinado momento ver al cartero entregando mi correo. Así que de inmediato voy a recogerlo y paso la hora y media siguiente abriéndolo y luego disputando sobre una factura que ya había pagado anteriormente. ¿Tengo que recoger el correo en ese momento? «No» es la respuesta honesta. Lo hice porque sentía curiosidad, y hubiera sido mejor haber esperado hasta que finalizara mi mensaje.

A fin de ser una persona que vive «a propósito», tenemos que mostrarnos renuentes a lidiar con cosas que nos disocian y apartan de lo que queremos hacer. Mientras más hagamos esto, más fácil nos resultará, pero permítame aclararle que vivir la vida que usted quiere vivir es algo sobre lo que tienen que ser firme. No todos podrán comprender su determinación, pero usted podrá lograr grandes cosas en lugar de vivir lamentándose por lo que deseaba haber hecho con su vida.

Métodos para obtener tiempo

¿Usted obtiene tiempo durmiendo menos y luego desperdicia tiempo sintiéndose cansado y mal el próximo día? Esto resulta una tentación para muchas personas. Se afirma que la mitad de los estadounidenses duerme menos de lo recomendado, lo cual es siete u ocho horas cada noche. Algunas personas no necesitan dormir demasiado, pero son la minoría. La mayor parte de nosotros necesita dormir un tiempo de calidad para sentirnos con energía y bien en vez de estar de mal humor. Necesitamos descansar para tener la capacidad de ser creativos y mantenernos enfocados. Si mi mente está cansada por la falta de sueño, me resulta más difícil permanecer concentrada en lo que estoy tratando de hacer.

¡He llegado a un punto de mi vida en el que me he dado cuenta de que una de mis más grandes necesidades es tener energía! Cuando estoy cansada o no me siento bien, eso afecta cada área de mi vida de manera negativa. Ya no gano tiempo dejando de dormir o apurándome continuamente, ya que he aprendido de la manera difícil que siempre pierdo tiempo al final. Es posible que tenga que visitar al doctor o cometa errores innecesarios debido a que estoy cansada, pero a la larga esto siempre tiene un precio para mí.

¿Trata usted de ganar tiempo avanzando a toda carrera a través de sus proyectos? Si no hacemos una cosa bien la primera vez, probablemente tendremos que hacerla de nuevo. Cuando las cosas no se hacen de la forma adecuada, nos roban tiempo más tarde. Puede tratarse de nuestro tiempo o el de alguien más, pero así será. Recientemente tuvimos un problema con la chimenea y el techo que requirió una gran cantidad de tiempo con un técnico y resultó bastante costoso. La única razón de esto fue que el trabajo no fue hecho apropiadamente en un inicio.

Hacer algo de la manera correcta o con excelencia siempre lleva más tiempo que si lo hacemos con rapidez solo para terminarlo y poderlo eliminar de nuestra lista de cosas por hacer. Algunos tipos de personalidades solo desean acabar cada proyecto en su lista, y a menudo cometen errores de juicio porque no esperan para actuar con sabiduría. En lo personal, tomo decisiones con rapidez y a veces esto me cuesta tiempo, ya que no pienso las cosas con detenimiento.

Sea prudente, pero no tonto

Solía desperdiciar tiempo y combustible dando vueltas a fin de buscar las rebajas de todo lo que necesitaba comprar. Era inflexible en cuanto a que si no podía conseguir algo barato, entonces no lo compraría, pero mi actitud estaba equivocada. Esto surgió como resultado de años de no tener el suficiente dinero para vivir, pero Dios me mostró que a menudo estaba gastando más dinero tratando de ahorrar del que podría haber gastado si hubiera comprado lo que necesitaba e ido a casa.

He tenido la experiencia de manejar a través de la ciudad para comprar un par de zapatos que estaban en rebaja y encontrar que se habían agotado y no había más disponibles. En mi área tenían los mismos zapatos, pero costaban cinco dólares más y yo quería ahorrar dinero, así que gasté cuatro dólares en gasolina y perdí dos horas. ¡Resulta interesante mirar hacia atrás y ver cuánto me costó mi actitud desequilibrada! Algunas personas se sienten orgullosas al comprobar cuán poco pueden gastar en un artículo. Ellas piensan que están venciendo al sistema, sin embargo, ¿esto es así en realidad?

Imaginemos que estamos construyendo una casa y nos hacen dos propuestas para el aislamiento térmico de las paredes. Una es buena, pero no tan buena como la otra. La mejor nos costaría dos mil dólares más, pero no queremos gastarnos ese dinero, así que nos decidimos por la menos costosa. Después de mudarnos a la casa comprobamos que el monto de las facturas por el aire acondicionado y la calefacción es demasiado alto teniendo en cuenta el tamaño de la vivienda. Luego de contratar los servicios de un experto bastante costoso, él nos informa que el aislamiento de nuestra casa no es muy bueno, y debido a eso nuestras facturas serán siempre más elevadas. En este punto solo tenemos dos opciones. Podemos tratar de añadirle más aislante a la casa, lo cual es en extremo caro, pues la casa

ya esta construida, o podemos pagar el elevado costo de la
factura por el servicio eléctrico.

Cuando estamos haciendo una compra, puede valer la
pena manejar a través de la ciudad si vamos a ahorrar una
cantidad significativa de dinero, pero al menos debemos
llamar para saber si tienen el artículo en existencia antes
de hacer el viaje. Puede no merecer la pena gastar más en el
aislamiento térmico, pero debemos considerar todas las opciones y no hacer una decisión basándonos solo en el costo
a menos que no tengamos otra posibilidad.

Soy prudente, pero en realidad trato de no ser tonta. Mi
tiempo es valioso. Como digo con frecuencia: «El tiempo
es dinero». Si usted aún no se ha percatado de cuánto vale
su tiempo, le sugiero que lo considere de nuevo, porque su
tiempo puede ser una de las cosas más valiosas que posee.

Cómo lidiar con las cosas pequeñas

La Biblia afirma que las zorras pequeñas echan a perder las
viñas (véase Cantares 2:15). Esto significa que las pequeñas
cosas desatendidas pueden convertirse en algo que cause
grandes problemas. Digamos por ejemplo que una pareja
va a comprar una casa y ellos han encontrado una que en
realidad les gusta, pero al recorrerla el hombre observa en
la esquina de un clóset algo que parece moho. Sabe que su
esposa podría sentirse decepcionada si él halla una razón
para no comprar la casa. Este hombre es una persona que
tiene la tendencia a señalar lo que está mal con las cosas y
esto irrita a su esposa, así que piensa: *No quiero causar problemas y probablemente no sea moho de todas maneras.*

Ellos compran la hermosa casa y luego de un tiempo viviendo allí toda la familia comienza a enfermarse. Después
de una gran cantidad de tiempo y dinero gastados en las visitas a los doctores se descubre que ciertamente había moho
en la casa. Estaba escondido en las paredes donde no podía
verse. A pesar de que a la larga resolvieron el problema,

costó mucho dinero deshacerse del moho, ya que se había propagado y la casa tenía que ser destrozada, lo cual creó bastante conmoción y mucha frustración.

Si el hombre se hubiera ocupado de la pequeña cosa que vio en la esquina del clóset, pienso que eso lo hubiera salvado.

En realidad conozco a una familia a la que le sucedió esto, y puedo asegurarle que el hombre deseó con todo su corazón haber actuado y dedicar un tiempo a examinar la «pequeña cosa» antes de comprar la casa.

Con frecuencia hacemos concesiones a fin de obtener lo que queremos cuando lo queremos, o con el objetivo de no invertir tiempo en lo que no deseamos emplearlo, pero siempre que transigimos esto nos cuesta a largo plazo.

> *Siempre que transigimos esto nos cuesta a largo plazo.*

Algunas veces no hacemos algo porque no queremos, sin que haya ninguna otra razón. Por supuesto, tenemos el privilegio de elegir, pero luego no debemos quejarnos si lo que no hicimos tiene como consecuencia algo más que debemos solucionar con el tiempo.

Estas pocas cosas que he mencionado pueden hacernos desperdiciar nuestro tiempo, y por supuesto que hay miles de otras. Resulta sabio descubrir las maneras en que desaprovechamos el tiempo y eliminarlas sin compasión de nuestra vida.

> *¡Haga hoy lo que lo hará feliz mañana, y entonces mañana no tendrá que lamentarse de lo que hizo hoy!*

¡Haga hoy lo que lo hará feliz mañana, y entonces mañana no tendrá que lamentarse de lo que hizo hoy!

Resumen del capítulo

- Establecer prioridades nos ayuda a lidiar con lo urgente, pero a enfocarnos en lo importante.
- Orar—no quejarse—es la mejor forma de actuar cuando enfrentamos un problema.

- El tiempo es una de las cosas más valiosas que usted tiene.
- Con el objetivo de aprovechar el día, es importante que se mantenga enfocado y no se distraiga en la vida. No permita que interrupciones innecesarias le roben su tiempo.
- Dedique un tiempo a orar y preguntarle a Dios: «¿Es esta la mejor forma en que puedo emplear mi tiempo justo ahora?».

CAPÍTULO 7

Solo tenemos una vida

¡No desperdiciaré mi vida! Terminaré mi carrera y lo haré bien. Mostraré el evangelio de la gracia de Dios en todo lo que haga. Correré mi carrera hasta el final.

El apóstol Pablo (Hechos 20:24; paráfrasis de John Piper en *No desperdicies tu vida*)

Es bueno recordar que solo tenemos una vida que vivir, y luego estaremos cara a cara con Dios, quien nos pedirá cuentas por lo que hayamos hecho. Es por eso que Pablo dice en Romanos 14:12: «De manera que cada uno de nosotros dará a Dios cuenta de sí».

Esto no tiene la intención de atemorizarnos, sino de exhortarnos a entender que finalmente el tiempo que se nos ha dado terminará y tendremos que responder por lo que hayamos hecho con él. Esta escritura no me asusta, pero me urge a ser responsable con respecto a mi vida y a usarla para agradar a Dios.

Resulta aleccionador pensar que cada hora que pasa es una que nunca regresará, de modo que debemos hacer que cuente. ¡No la desperdicie! He desperdiciado una gran cantidad de tiempo en mi vida, y usted puede sentirse de la misma forma. Al mirar atrás, ¿en qué vemos que hemos gastado el tiempo sin que hayamos producido nada bueno? El hombre sabio siempre permite que sus errores lo enseñen.

En el capítulo anterior, mencioné diez maneras específicas en que podemos evitar desperdiciar el tiempo, pero hay otras, las cuales están más ocultas. Están ocultas porque son asuntos del corazón. Son emociones atormentadoras a

> El hombre sabio siempre permite que sus errores lo enseñen.

las que les permitimos permanecer en nuestra vida, algunas veces por años, y cada día que no las confrontamos es otro día que desperdiciamos.

Si alguno de nosotros intenta aprovechar su día, tener una vida intencional y dejar de derrochar el tiempo, no podremos hacerlo de una manera exitosa a menos que enfrentemos la verdad acerca de cuánto tiempo desperdiciamos en cosas como la culpa, el temor, la preocupación, los celos, la envidia, la codicia, el resentimiento, el odio, la amargura y la falta de perdón, la autocompasión y muchas más. Si queremos aprovechar el día, debemos prepararnos para eliminar todas las emociones negativas que nos roban parte de nuestra jornada. Las emociones que no deseamos pueden visitarnos de repente, sin ninguna invitación de nuestra parte. Y todo porque alguien se nos adelantó y ocupó el lugar por el que estábamos esperando en el estacionamiento del centro comercial, así que recibimos la visita de la ira. O porque alguien que trabaja con nosotros obtuvo la promoción que pensábamos que merecíamos más, de modo que nos visitan los celos, el resentimiento y el enojo.

Debido a que nunca conocemos cuáles serán nuestras circunstancias en un día determinado, y a que no podemos controlar las acciones de los demás, estamos en peligro cada día de desperdiciar nuestro tiempo en emociones inútiles y negativas. Es bastante posible que justo en este momento haya más personas en el mundo que estén experimentando alguna de estas emociones, o enojadas con respecto a alguna cosa, que aquellas que se encuentran totalmente en paz.

Jesús dijo que los que logran y mantienen la paz serían llamados hijos de Dios (véase Mateo 5:9), y esto resulta comprensible. Los hijos muestran un grado de madurez. No esperamos otra cosa que emociones desenfrenadas de parte de los bebés y los niños, pero esperamos mucho más de nuestros hijos e hijas mayores, lo mismo que Dios.

Ya nos hemos permitido bastante ser víctimas de estas

emociones que nos roban el tiempo y drenan nuestra energía, pensando que no podemos cambiar la forma en que nos sentimos, pero la verdad es que sí podemos controlar nuestras emociones en lugar de permitir que ellas nos controlen a nosotros. Esto puede no ser fácil, en especial si usted es alguien que ha vivido guiado por sus emociones durante mucho tiempo, aunque es posible con la ayuda de Dios.

> *Como ciudad derribada y sin muro es el hombre cuyo espíritu no tiene rienda.*
>
> Proverbios 25:28

Dios no nos mandaría a dominar nuestro espíritu si no fuera posible hacerlo. No necesitamos ser víctimas de las circunstancias, ya que mediante la gracia de Dios (poder), hemos sido creados para gobernar, dominar, dirigir y tener autoridad.

He descubierto que resulta muy útil rechazar las emociones negativas y no deseadas en cuanto comienzan. Cuando suceda algo que cause que las emociones negativas se desaten en su interior, domínelas. Si permite que las emociones lo gobiernen, se encamina a tener problemas. Mencione la emoción y diga: «No eres bienvenida», y luego comience a hablar consigo mismo. Por ejemplo, si escuché que un amigo recibió una oportunidad ministerial con la que siempre he soñado, puede que me visiten los celos y la envidia. Tan pronto como me percate de esto, debo decir: «¡Celos y envidia, ustedes no son bienvenidos aquí!». Luego puedo tener una charla conmigo misma, diciendo: *Joyce, tú has sido tan bendecida que sería ridículo que sientas celos de alguien. Dios tienen un plan único para cada uno de nosotros, y tú has hecho cosas que otros nunca han logrado, y otros harán cosas que tú nunca realizarás.* Siempre encuentro que cuando hago esto mis emociones se calman y puedo comportarme de una manera apropiada.

Sí, necesito tener conversaciones como esta conmigo

misma a menudo en mi vida, y otras similares. Me he dicho
con frecuencia que no necesito desperdiciar mi día enojada
o sintiendo lástima por mí misma. Quizás esta manera de
actuar es nueva para usted, pero la verdad es que todos hablamos con nosotros mismos, si no en voz alta, por lo menos
en nuestra mente, así que por qué no decirse algo que podría ayudarlo a que su vida sea la que en verdad quiere vivir.

Cuando una persona amenaza con saltar de un edificio,
envían a alguien para hablar con ella y disuadirla. Utilizo
esta idea cuando siento que voy a experimentar un estado
emocional incontrolado. Algunas veces dispongo de solo
unos pocos segundos para decidir qué hacer, pero si podemos aprender a respirar profundo y hablar con nosotros
mismos, nos ahorraremos una gran cantidad de problemas.

Imaginemos que mi esposo, Dave, dice algo con lo que
no estoy de acuerdo, e incluso se niega a admitir que tal vez
esté equivocado. ¡La mayoría de las mujeres casadas saben
de qué estoy hablando! Cuando esto sucede, puedo sentir el
enojo surgiendo dentro de mí, así que necesito hacer algo
antes de que llegue a mi boca. Sé esto debido a los muchos
años de actuar en tal situación de manera impropia y luego
arrepentirme más tarde.

He *desperdiciado* una gran cantidad de tiempo sintiéndome molesta con Dave por cosas tan insignificantes y
tontas que todo resulta ridículo. Sin embargo, una vez que
ya nos enojamos y comenzamos a hablar, o quizás a gritar,
es difícil disuadirnos, pues ya hemos «saltado», por así decirlo. No obstante, si logro hablar conmigo misma y recordarme enseguida que mi meta en la vida no debe ser
corregir a Dave y probar que yo tengo la razón, me ahorraré
muchas tristezas. Solo aquellos que intentan aprovechar el
día podrán dominar sus emociones.

Me imagino que no podemos saberlo con seguridad, pero
me pregunto cuántos días de nuestra vida hemos desperdiciado, los cuales nunca recuperaremos, debido a que alber-
gamos esas emociones negativas. Probablemente es mejor

que no lo sepamos, ya que desperdiciaríamos otro día lamentándonos.

Pienso que podría hablar sobre algunas de estas emociones en grupo, porque a menudo encontramos que ellas trabajan juntas a fin de atacar los propósitos de Dios para nuestra vida. Jesús dijo que el nuevo mandamiento que nos estaba dando era que nos amáramos los unos a los otros como Él nos había amado, y así el mundo sabría que somos sus discípulos (véase Juan 13:34). Debido a que Dios es amor, la única forma en que el mundo puede verlo en acción es a través del amor, y Dios nos ha llamado a permitirle amar al mundo a través de nosotros. Por lo tanto, examinemos las emociones que impiden que el amor de Dios fluya por medio de nosotros y nos hacen desdichados en el proceso.

> Debido a que Dios es amor, la única forma en que el mundo puede verlo en acción es a través del amor, y Dios nos ha llamado a permitirle amar al mundo a través de nosotros.

Celos, envidia, codicia y resentimiento

Dios condena todas estas emociones y nosotros debemos evitarlas por completo. Cada una de ellas implica un total desperdicio de tiempo, porque las mismas no cambian nuestras circunstancias. Ellas no nos ayudan a lograr lo que queremos, sino que nos convierten en personas desdichadas y gruñonas.

Querer siempre más sin importar cuánto tengamos evidencia un espíritu codicioso. Se nos ha dicho que evitemos no solo a la codicia misma, sino también a las personas codiciosas, así que esta debe ser una cosa mala en verdad. Dios quiere que estemos contentos con lo que tenemos, pidiéndole a Él lo que queremos y necesitamos, y confiando en que nos lo proveerá de la manera adecuada y en el tiempo preciso si es bueno para nosotros.

Estas emociones dañinas se presentan en todos nosotros,

y el mero hecho de sentir una de ellas no es pecado, pero cuando alimentamos la emoción con pensamientos pecaminosos, con frecuencia terminamos actuando guiados por ellas y entonces se convierten en pecado. Ore siempre pidiendo la ayuda de Dios para rechazar al diablo en el momento que cualquier emoción negativa aparezca en su vida.

¿Tiene celos de alguien? ¿Hay resentimiento en su corazón debido a que se siente excluido? Dé un paso de fe y dígale a la persona con la que está resentido que se siente feliz por él o ella. Actuar de forma piadosa siempre rompe el poder del diablo. Vencemos al mal con el bien (véase Romanos 12:21). Avance un poco más y comience a orar por la persona, pidiéndole a Dios que la bendiga aun más. Mientras más usted bendiga a otros, más bendecido será.

¡No desperdicie ninguna porción de la vida que tiene para vivir lleno de celos, envidia, codicia o resentimiento!

Preocupación, ansiedad y temor

Pienso que es acertado decir que todos experimentados estas tres emociones en diferentes momentos de nuestra vida, pero al igual que el primer grupo que examinamos, constituyen un desperdicio de tiempo, ya que no reportan ningún beneficio positivo. Ellas no previenen ni solucionan los problemas. No ayudan en lo más mínimo y nos lastiman, porque nos roban la paz y el gozo. Henry Ford dijo: «Creo que Dios maneja los asuntos y que Él no necesita ningún consejo de mi parte. Con Dios a cargo, pienso que todo al final resultará de la mejor manera. Así que, ¿hay algo de qué preocuparse?».[8]

Solo una confianza profunda en Dios puede ayudarnos a evitar estas emociones inútiles. Nuestra confianza en Dios se incrementa en la medida que compartimos experiencias con Él y vemos su fidelidad en nuestra vida. Dios es bueno y siempre cuida de nosotros. Es posible que no haga exactamente lo que hubiéramos preferido, y no siempre comprenderemos por qué, pero Él es bueno y fiel.

¿Por qué nos preocupamos? Esto puede ser algo difícil de aceptar, pero pienso que nos preocupamos simplemente porque tenemos miedo de no conseguir lo que queremos. Si pudiéramos decir: «Que se haga tu voluntad, Señor, no la mía», y habláramos en serio, nunca tendríamos que preocuparnos de nuevo. Todo temor es resultado de no comprender plenamente el amor incondicional de Dios y entonces no confiar en que, debido a que Él nos ama, siempre hará lo que es mejor para nosotros. «El perfecto amor echa fuera el temor» (1 Juan 4:18).

Una vez leí que un día de preocupación resulta más extenuante que una semana de trabajo. Esa es otra buena razón para no preocuparse. La mayoría de nosotros no tiene un exceso de energía para desperdiciar, así que la próxima vez que se sienta

> Un día de preocupación resulta más extenuante que una semana de trabajo.

tentado a preocuparse, solo recuerde que si lo hace, eso significará una pérdida de tiempo. Corrie ten Boom dijo: «La preocupación no despoja al mañana de sus penas, pero sí despoja al presente de su fortaleza».[9]

Ira, falta de perdón, odio y sentirse ofendido

Jesús dijo muchas veces que debemos perdonar a aquellos que nos hieren y hacerlo con rapidez. Él no le resta importancia a nuestro dolor, pero sabe que estas emociones tan dañinas solo lo aumentan. Las emociones de la ira, la falta de perdón, el odio y la amargura, así como la ofensa, son parientes cercanos. Cuando estamos enojados, nos negamos a perdonar, nos amargamos, y podemos incluso comenzar a odiar a aquellos que Dios nos ha llamado a amar.

Debemos estar más preocupados por nuestra reacción hacia aquellos que nos hieren que por lo que ellos nos han hecho. Sus acciones finalmente son un asunto entre ellos y Dios, y nuestras acciones son entre Dios y nosotros. Necesitamos estar preparados para perdonar a muchas personas en nuestra vida, y a algunas de ellas una y otra vez. Enojarse con las personas es inútil. Esto rara vez, si acaso alguna, hace que cambien, pero nos lastima a nosotros de muchas maneras. El perdón es un atributo de las personas fuertes. Los débiles consideran que es algo muy difícil de hacer. He escuchado decir que una de las claves para la felicidad es tener una mala memoria. Recordemos lo bueno que las personas hacen y olvidemos lo malo.

> *El perdón es un atributo de las personas fuertes.*

No se sienta ofendido con facilidad a menos que desee experimentar muchos sinsabores en la vida. Existen incontables oportunidades de que nos ofendan cada semana, pero no tenemos que «aceptar la ofensa» solo porque alguien la haya proferido. Las personas sanas y prudentes no hacen cosas que las hagan sentir mal y las perjudiquen.

Culpa

Probablemente he desperdiciado más tiempo sintiéndome culpable que de cualquier otra forma. Hasta que no tuve cincuenta y tantos años de edad, sufrí de lo que puedo decir con honestidad que era una culpa constante. Incluso me sentía culpable de sentirme culpable, porque sabía que esto no era lo que Dios quería para mí. A menudo digo: «¡No me siento bien si no me siento mal!».

Mi culpa comenzó en el momento en que era una niña pequeña debido a que mi padre abusaba sexualmente de mí y me advertía que no le dijera nada a nadie. Asumí que eso tenía que estar mal si no podía contárselo a nadie, y así comenzó un ciclo de culpa en mi vida que resultó increíblemente atormentador.

Dios quiere que disfrutemos nuestra vida, pero no podemos hacerlo si no sabemos cómo sentirnos bien con nosotros mismos, y no podemos lograr eso si continuamente nos

> *Dios nos ha provisto el perdón total y una vida libre de culpa por medio de Jesús.*

creemos culpables. Dios nos ha provisto el perdón total y una vida libre de culpa por medio de Jesús (véase Isaías 53:5–6). Nuestras deudas han sido pagadas. Nuestro pecado y nuestra culpa han sido eliminados, así que cualquier sentimiento de culpabilidad que experimentamos representa la forma en que el diablo nos engaña y nos impide recibir la plenitud del amor de Dios.

Dios me ayudó a experimentar libertad de la culpa al educarme bien sobre lo que dice la Biblia con relación a esto, y luego creyendo en su Palabra más de lo que creía en mis sentimientos. A menudo me decía en voz alta, o calladamente para mí misma: *Joyce, esta culpa que sientes es una mentira y un engaño. Has sido personada por completo, y tu pecado lanzado tan lejos como el oriente está del occidente. Si no hay pecado, ¿cómo puede haber alguna culpa?* En la actualidad he aprendido a razonar conmigo misma basándome en las Escrituras, y a pesar de que me llevó años ser completamente libre, hice progresos con regularidad.

Autocompasión

La autocompasión ciertamente constituye una pérdida de tiempo, ya que la misma no motiva a Dios a darnos lo que queremos. Sentimos lástima de nosotros mismos cuando no conseguimos lo que deseamos o nos sentimos menospreciados de alguna forma. Las personas a veces se aprovechan de nosotros, y por supuesto eso no es justo, pero la autocompasión no cambia nada. Esta es otra emoción negativa que me hizo desperdiciar una gran cantidad de tiempo hasta que Dios le habló a mi corazón: *Joyce, tú puedes ser patética o influyente, pero no puedes ser ambas cosas, así que elige.*

Lo dejaré con el siguiente pensamiento mientras pasamos a analizar otras cosas: su tiempo es valioso, así que no desperdicie nada de él experimentando emociones negativas e inútiles, las cuales no consiguen nada más que hacerlo sentir desdichado.

Resumen del capítulo

- Su vida no tiene que ser gobernada por sus emociones. Puede hacer la decisión de controlar sus emociones en lugar de que ellas lo controlen a usted.
- Con el objetivo de aprovechar su vida, es importante aprender a contentarse. Dios quiere que estemos contentos con lo que tenemos, pidiéndole lo que queremos o necesitamos, y confiando en que Él lo proveerá en el momento preciso.
- Los celos, la codicia y el resentimiento le roban al presente su gozo.
- Solo una confianza profunda en Dios puede ayudarnos a evitar estas emociones inútiles y que desperdician nuestro tiempo.
- Dios ha provisto el perdón total y una vida libre de culpa por medio de Jesús.

CAPÍTULO 8

Determinación

Soy demasiado positivo para ser indeciso, demasiado optimista para ser temeroso, y demasiado determinado para ser vencido.

Autor desconocido

La determinación es una cualidad que le permitirá continuar intentando hacer o lograr algo que es difícil, y constituye el acto de oficialmente decidir hacer algo. Leonardo da Vinci dijo: «Desde hace tiempo me he percatado de que las personas con grandes logros rara vez se recuestan y dejan que las cosas les ocurran. Ellas salen y hacen las cosas suceder».[10] Las personas determinadas no son comunes, pero nada en el mundo puede tomar el lugar de la determinación y la persistencia. El talento no ocupa su lugar, la educación no ocupa su lugar, y tampoco lo hace ningún nivel de genialidad. El mundo está lleno de hombre y mujeres comunes que han hecho cosas extraordinarias, pero todos ellos mostraron determinación. Soy de la opinión de que nada bueno sucede por accidente.

La determinación triunfa sobre cualquier carencia que podamos mencionar. Cualquiera que desee tener determinación puede hallarla. No pertenece a unos pocos privilegiados. Usted puede decir: «Bueno, yo no soy muy activo», pero hacer progresos en la vida no requiere una personalidad que sea activa naturalmente. Solo se necesita que esté determinado a hacer que su vida cuente.

La vida resulta desafiante, impredecible y ocupada. La vida nos lanza bolas curvas y nosotros intentamos batearlas esperando hacer contacto. Así que,

> La determinación nos mantiene avanzando cuando la marcha se vuelve difícil.

¿cómo vivimos una vida «a propósito» en un mundo lleno de distracciones? La respuesta está en una palabra: ¡determinación! La determinación nos mantiene avanzando cuando la marcha se vuelve difícil. Esta nos ayuda a mantener nuestros ojos en el premio, sin distraernos con facilidad por las cosas dolorosas y frustrantes. También nos ayuda a practicar los buenos hábitos hasta que se convierten en una parte natural de nosotros.

Como creyentes en Dios y su buen plan para nosotros, nuestra determinación está motivada por algo mucho más grande que nuestra propia voluntad. Debemos contar con la ayuda del Espíritu Santo, y tal ayuda está disponible para todo el que la pide y cree. Esta es nuestra gran fuente de fortaleza y poder, la cual nos capacita para vencer los obstáculos en nuestro camino y lograr una vida llena de propósito. Si usted tiene muy poca determinación y tiende a rendirse con facilidad, entonces al menos comience haciendo un cambio al orar que Dios obre para que manifieste determinación en su vida. Crea que Él lo ha escuchado y respondido, y luego dé un paso con fe, confiando en que los sentimientos que desea vendrán a medida que avanza. La excusa de que nos sentimos a gusto haciendo una cosa que está bien es una excusa deplorable. Dudo seriamente que Jesús «sintiera» agrado al ir a la cruz y morir por los pecados de la humanidad, pero lo hizo, apoyándose en algo mucho más profundo que sus sentimientos. Él descansó en el poder de Dios que lo capacitó y miró hacia adelante al gozo que lo esperaba del otro lado del dolor.

¿Qué cree usted?

A menudo resulta un misterio para mí por qué algunas personas son tan determinadas y otras no, pero pienso que al menos he encontrado una razón. ¡Algunas personas no creen en sí mismas! Ellas tienen una visión poco valiosa de quiénes son y qué pueden hacer con Dios de su lado. Si es cristiano y tiene poca o ninguna confianza, es porque ha fallado en darse cuenta de lo que Dios ha hecho en usted a través de su nuevo nacimiento en Cristo. Cuando recibimos a Jesús como nuestro Salvador, nacemos de nuevo y recibimos una nueva naturaleza. ¡Recibimos la naturaleza de Dios! Él deposita sus cualidades en nosotros como semillas que son portadoras de la promesa de una increíble cosecha en nuestra vida si las regamos con su Palabra y las cuidamos, trabajando en conjunto con el Espíritu Santo para impedir que las malas hierbas de la mundanalidad las sofoquen.

Una persona que ha nacido de nuevo es una nueva criatura, y nada del pasado tienen ningún poder sobre ella a menos que se lo permita.

De modo que si alguno está en Cristo, nueva criatura es; las cosas viejas pasaron; he aquí todas son hechas nuevas.

2 Corintios 5:17

Nuestra nueva vida con Dios no puede comenzar verdaderamente hasta que no comprendamos este versículo bíblico. Sin eso, siempre nos veremos a nosotros mismos de la forma que éramos. Tenemos un libro de recuerdos de todos nuestros fracasos guardado en nuestra memoria, y anotaciones detalladas de todo lo que la gente nos ha dicho que no podemos hacer. La simplicidad de esto está en que nosotros no vemos lo que Dios ve. Él cree en nosotros, pero nosotros no siempre lo hacemos. O no sabemos o no creemos que Dios vive en nuestro interior por medio del Espíritu Santo, así no percibimos lo que somos capaces de atravesar con Él.

Yo había asistido a la iglesia por muchos años ya antes de conocer esta verdad. Tuve un pasado triste, e iba camino a un futuro más desolado aún, pero comencé a estudiar la Palabra de Dios seriamente e hice la decisión de apropiarme de las promesas que encontré y aplicarlas a mi vida. ¡Una vez que creí en ellas con respecto a mí misma, nada pudo detenerme! Mi jornada ha sido larga y a veces muy difícil, pero cuando tenemos fe, esto nos motiva a seguir avanzando. La fe ve en el espíritu lo que los ojos no pueden ver en lo natural. La fe no descansa en los sentimientos o la emoción, sino en Dios, que es fiel y verdadero.

> *Fiel es Dios, por el cual fuisteis llamados a la comunión con su Hijo Jesucristo nuestro Señor.*
>
> 1 Corintios 1:9

Usted puede pensar que «puede», o puede pensar que «no puede», y de cualquier forma estará en lo correcto. No importa cuántas cosas maravillosas Dios o nuestra familia y amigos quieran para nosotros, a menos que nosotros mismos las queramos y estemos determinados a tenerlas, ellas pasarán inadvertidas.

> *Usted puede pensar que «puede», o puede pensar que «no puede», y de cualquier forma estará en lo correcto.*

Podemos ir deambulando a través de la vida sintiendo con mucha frecuencia celos de las personas que poseen lo que queremos, pero sin estar dispuestos a hacer lo que ellas hicieron para obtenerlo.

¡El plan de Dios para cada uno de nosotros no es el mismo, pero su plan para todos es bueno! Todos no podemos hacer las mismas cosas, pero todos podemos hacer algo asombroso. Podemos vivir la mejor vida que posiblemente podamos ¡Crea y reciba esta promesa! Esa es una ley espiritual del Reino de Dios. Creemos sus promesas, las reclamamos, estamos dispuestos a esperar por su tiempo preciso en fe, y las recibimos. Las recibimos por fe, y las veremos manifestarse en nuestra vida en el momento apropiado.

> *Por tanto, os digo que todo lo que pidiereis orando, creed que lo recibiréis, y os vendrá.*
>
> Marcos 11:24

Nos resulta muy difícil creer en lo que no podemos ver o sentir, pero la fe es la certeza de lo que no se ve.

Consideramos las promesas de Dios como un hecho, y decidimos vivir de acuerdo a ellas. No soy capaz de ver la gravedad, pero creo en ella porque no estoy flotando en el techo justo ahora. Mientras permanezco sentada en mi hogar hoy, mirando por la ventana, no puedo ver el viento, pero estoy consciente de que está soplando, porque veo a los árboles moverse. No podemos ver a Dios, pero sí percibir las cosas que hace en nuestra vida, e incluso si esas cosas son pequeñas, ellas nos animan a creer en cosas mejores. ¿Aprecia usted lo que Dios ha hecho en su vida, o permanece ocupado mirando lo que no ha hecho aún? Si actúa de ese modo, llegará a sentirse rápidamente desanimado y renunciará. Aparte un tiempo cada día para agradecerle a Dios por todas las cosas pequeñas que ha provisto para usted, y mientras hace esto su fe se incrementará. Aun en medio de grandes dificultades podemos continuar agradeciéndole a Dios, creyendo que Él puede obrar el bien a partir de todo eso y lo hará.

Manojos a propósito

En la Biblia encontramos a una mujer llamada Rut. En un tiempo ella adoraba a los ídolos, pero decidió hacer un cambio y creer en el único Dios verdadero. Las circunstancias de Rut eran desesperadas, pero Dios tenía un plan para ella. Había un hombre muy rico llamado Booz, el cual poseía una gran cantidad de tierras. Sus trabajadores estaban cosechando los campos, y Rut fue a recoger espigas a esos mismos terrenos. Ella estaba allí recogiendo las espigas que los segadores dejaban caer, pero Booz se percató de la joven. ¿Se ha sentido usted alguna vez como si todo lo que tuviera en la vida fueran cosas de segunda mano y lo que sobra? Aun así, si pone su fe en Dios, Él hará algo asombroso en su vida. Si se siente como Rut, Dios puede hacer que alguien como Booz se percate de usted también. En otras palabras, Dios puede mostrarle su favor, levantarlo y sacarlo del pozo de cenizas de la vida. Él nos da gloria en lugar de ceniza (véase Isaías 61:3) y nos saca del pozo donde nos encontramos (véase Salmo 40:2).

Dios puso en el corazón de Booz que les dijera a los segadores que dejaran caer manojos de espigas para Rut a propósito. Lo que ella halló en los campos quizás no fue mucho, pero sí suficiente por el momento. Más tarde, ella se casó con Booz y las cosas cambiaron dramáticamente en su vida. Dios también dejará «manojos a propósito» para usted, pero no puede quejarse como si ellos no contaran. Tal vez no tenga tanto como alguien que conoce, o tanto como usted quiere, sin embargo, puede mostrarse agradecido y entusiasmado con lo que tiene.

Un estudio más profundo de la vida de Rut muestra su gran determinación en el momento que tomó la decisión de permanecer con su suegra, que había enviudado, en lugar de regresar a su tierra natal, donde hubiera disfrutado de la abundancia. Ella escogió la senda difícil, ya que creía que era lo correcto que debía hacer. Inicialmente esto pareció tener un costo para ella, pero con el tiempo trajo una formidable cosecha a su vida. (Para conocer la historia completa lea el libro de Rut en la Biblia.)

Si no menospreciamos los manojos que Dios deja a propósito, algún día podremos ser aquellos que los dejan para otros. ¡Dios lo bendecirá y hará de usted una bendición!

¿Cuándo necesitamos determinación?

Siempre necesitamos algún grado de determinación. Se requiere algo de determinación solo para levantarse de la cama en la mañana, pero hay veces en que necesitamos mostrarnos más determinados que en otras. ¿Cuáles son esas ocasiones?

Cuando el camino es difícil

Cuando nuestro camino en la vida es difícil, se requiere más determinación para seguir avanzando que cuando resulta fácil. ¡No es complicado comenzar algo, pero Dios está buscando a los que terminan las cosas! Cualquiera que intenta tener algo bueno, ser bueno o hacer algo bueno, será atacado por el diablo. A menudo decimos que si el diablo no lo está molestando, entonces quizás usted no lo está molestando a él. De acuerdo a las Escrituras,

> Si el diablo no lo está molestando, entonces quizás usted no lo está molestando a él.

él anda como un león rugiente y hambriento, buscando a quien pueda atrapar y devorar.

> *Manténganse firmes contra él y sean fuertes en su fe. Recuerden que su familia de creyentes en todo el mundo también está pasando por el mismo sufrimiento.*
>
> 1 Pedro 5:9 (NTV)

Podemos enfrentar cosas difíciles, pero nunca enfrentaremos cosas imposibles con Dios. Él prometió no permitirnos más de lo que podemos soportar. Él nos conoce a cada uno de nosotros íntimamente, y una de las maneras en que nos hace fuerte es permitiendo que atravesemos dificultades. La única forma en que un fisicoculturista puede lograr tener más músculos es levantando cada vez mayor peso. Dios nos permite estar en lugares y situaciones que requieren que fortalezcamos nuestra fe.

Cuando usted esté enfrentando una dificultad, no diga: «Esto es demasiado difícil. No puede soportarlo». En cambio, coincida con la Palabra de Dios y declare: «Por medio de Cristo puedo hacer esto. Estoy determinado a cumplir la voluntad de Dios y a recorrer toda la senda a través de cada dificultad hasta alcanzar la mejor vida que Él tienen para mí». Confíe en mí cuando le digo que las palabras que declara son importantes para su éxito futuro. Dios llama a aquellas cosas que no existen aún como si ya fueran (véase Romanos 4:17).

Confiar en Dios solo cuando todo resulta fácil no es el camino al crecimiento espiritual. El crecimiento requiere retos. Incluso mientras los niños crecen desde sus años de adolescencia hasta convertirse en adultos jóvenes enfrentan insuperables desafíos. Un amigo mío tiene un nieto que acaba de comenzar la universidad, quien a su vez tiene una novia que adora. Él también disfruta de una variedad de cosas que podrían agruparse bajo el encabezado de «entretenimiento». Le ha resultado un poco difícil trabajar a tiempo parcial y hacer todas esas otras cosas, teniendo problemas para comprender por qué debe renunciar a lo que le «gusta» a fin de cumplir con lo que «necesita» hacer. Sus padres ven muy sencilla la manera en que el joven necesita actuar, pero se trata de un nuevo camino que él debe recorrer, y resulta todo un desafío. ¡Parece algo muy simple para nosotros, pero para él es bastante difícil! Él no se da cuenta de que este tipo de cambios continuará a lo largo de su vida y lo prepararán para nuevos niveles de desarrollo.

Sus padres están cansados de discutir con él, así que le han dicho que no tiene que trabajar, pero que no le darán ningún dinero. Por supuesto, ellos no están tratando de ser poco amables con él, pero tienen que enseñarle que no puede hacer solo lo que le agrada en la vida y aun así disfrutar del tipo de vida que quiere tener.

Esto parece una cosa sencilla que todos deben ser capaces de comprender, pero el mundo está lleno de adultos que aún no han entendido esta verdad. Dios trabaja con nosotros todo el tiempo intentando ayudarnos a madurar, y mientras más pronto cooperemos, más rápido obtendremos buenos resultados.

He aquí la conclusión: atravesaremos cosas difíciles, y cuando lo hagamos, determinaremos que no vamos a renunciar, sino a avanzar. Podemos hacerlo con un corazón agradecido y una buena actitud, confiando en Dios a cada paso del camino.

Cuando Dios se mueve lentamente

Dios rara vez se mueve de acuerdo a nuestro programa, pero lo que nosotros consideramos lentitud no es de esa forma para Él (véase 2 Pedro 3:9). Dios está mucho más interesado en la excelencia que en la velocidad. Él nos está convirtiendo en individuos que podamos representarlo de una manera excelente. Desea vasijas que estén siempre disponibles para Él y listas para hacer lo que les pida en cualquier momento. Siendo así, no tenemos prisa en absoluto. Una obra maestra nunca se crea con rapidez.

> Una obra maestra nunca se crea con rapidez.

Aprender a tener paciencia es uno de los prerrequisitos para la madurez espiritual. Cuando aceptamos un producto inferior en lugar de esperar por uno excelente, siempre cometemos un error. Disminuya el ritmo, disfrute la jornada y no se apure. ¡La vida es corta, y apurarse solo la acorta más!

Enfocarnos en lo que queremos es lo que causa que esperar resulte tan difícil. Podemos escoger en cambio enfocarnos en Dios y usar el tiempo adicional que tenemos mientras esperamos para crecer en Él. Dios es bueno y no nos negará nada a menos que sea por una buena razón. No podía comprender por qué Dios no hacía lo que le pedía que hiciera. Sin importar lo que yo inventara, Él no se movía ni tan siquiera un poco más rápido.

Por supuesto, ahora miro atrás y comprendo demasiado bien que deseaba algo que no era lo suficiente maduro desde el punto de vista espiritual, así que Dios en su misericordia me lo negó. La actitud que demostré mientras esperaba constituía en sí misma una prueba de que yo no estaba lista para más. ¿Por qué debe Dios darnos más de algo si no nos mostramos agradecidos por las cosas que ya nos ha dado, sin importar cuán pequeñas sean? Siempre recuerde que una demora no es una negativa, y cuando Dios parezca lento, determine permanecer firme.

Cuando el camino es solitario

Con frecuencia he descubierto que seguir a Dios puede ser solitario. Las personas de las que más dependemos para que nos brinden apoyo y aliento pueden decepcionarnos. Ellas a menudo no nos entienden y hasta pueden criticarnos debido a la senda que hemos escogido. Incluso en esto, Dios tiene un propósito. Es importante que lo busquemos a Él y no a las personas. A todos nos gusta recibir aprobación, pero no debemos necesitarla a fin de servir a Dios. Si lo hacemos, seguramente seremos derrotados.

Jesús se debe haber sentido solo a veces. Incluso hubo un momento mientras se hallaba sufriendo en la cruz que, en su humanidad, pensó que su Padre lo había olvidado. Sin embargo, ni siquiera eso causó que se rindiera. Él había tomado con anterioridad la excelente decisión de que haría la voluntad de Dios sin importar lo que costara.

El dolor que soportamos en varias etapas de la vida es temporal, y es muy importante recordarlo cuando lo estamos atravesando. «Esto también pasará» es uno de mis dichos favoritos. ¡El sol siempre brilla después de la tormenta!

No importa qué pueda estar causando que deseemos renunciar, podemos mostrarnos determinados a perseverar. Si nos rendimos, eso solo significa que tendremos que empezar de nuevo en otra oportunidad. ¡Aún necesitamos enfrentar aquello que nos hizo abandonar la primera vez!

Resumen del capítulo

- Nada en el mundo puede tomar el lugar de la determinación y la persistencia.
- La determinación nos ayuda a practicar los buenos hábitos hasta que se convierten en una parte natural de nuestra vida.

- La confianza y la determinación vienen al conocer quién usted es en Cristo Jesús y la promesa de la vida nueva que Dios le ha dado.
- La fe es la certeza de lo que no se puede ver. Esta impulsa nuestra determinación de apoyarnos en las promesas de Dios y cumplir su plan para nuestra vida.
- Usted puede encontrar dificultades, pero decida no rendirse. Nada es imposible con Dios.

CAPÍTULO 9

Aproveche el día

El ayer se fue. El mañana no ha llegado. Todo lo que teneos es el día de hoy. Comencemos.

Madre Teresa

A partir de lo que hemos aprendido con los años, entre otras cosas *aprovechar* significa: sacar provecho de algo o de alguien, utilizar, usufructuar. Cuando nos aprovechamos de algo, tomamos control de ello y lo dominamos, y eso es exactamente lo que Dios le dijo a Adán con respecto a la tierra.

> *Luego Dios los bendijo con las siguientes palabras: «Sean fructíferos y multiplíquense. Llenen la tierra y gobiernen sobre ella...».*
>
> Génesis 1:28 (NTV)

Con seguridad, si deseamos saber cómo quería Dios que el hombre viviera, podemos mirar al comienzo del tiempo mientras buscamos, y no hay mejor lugar para eso que Génesis 1. Dios creó a Adán y Eva y les dio autoridad y dominio sobre el resto de su creación. Les dijo que gobernaran sobre ella. O en otras palabras, que la aprovecharan y usaran en el servicio de Dios y los seres humanos.

Demasiadas personas permanecen inactivas, esperando que las cosas les caigan del cielo, y terminan esperando hasta que ya es demasiado tarde. Viven vidas insatisfechas e improductivas simplemente porque no se levantan cada mañana dispuestas a aprovechar el día y sacarle el mejor partido.

Nosotros podemos conocer con facilidad la voluntad de Dios para el hombre, pero tristemente, Adán y Eva escogieron hacer su propia voluntad en lugar de usar su libre albedrío y su poder de elección para escoger la voluntad de Dios. Ellos hicieron lo que Dios les dijo que no hicieran.

Pecaron y el plan de Dios para la humanidad se dañó, pero no fracasó por completo. El diablo los engañó haciéndolos pensar que satisfacer sus propios deseos egoístas los haría felices, y por un corto tiempo él creyó que había arruinado el plan de Dios para la humanidad. Sin embargo, Dios tenía un plan asombroso y poderoso para la redención del hombre. Un plan que, si lo seguían, les permitiría a los seres humanos recuperar lo que el diablo les había robado.

El libro de Juan hace referencia al diablo como «el ladrón». Él viene a robar, matar y destruir, pero Jesús viene a redimir y restaurar (véase Juan 10:10). ¿Qué le ha robado el diablo? Quizás usted nunca ha pensado en eso. ¿Le ha robado su confianza, su valor, su identidad, su energía, su fervor y su entusiasmo por la vida? ¿Se ha llevado su paz y su gozo? ¿Y qué hay de su posición como hijo de Dios? ¿Sabe usted quién es en Cristo y los privilegios de la herencia que Él le ha dado?

El diablo robó mi niñez a través del abuso sexual, emocional y mental. El temor se apropió de los primeros treinta y dos años de mi vida, pero Jesús me los ha devuelto en doble medida. Dios promete no solo restauración, sino darnos duplicado lo que el enemigo nos ha robado (véase Zacarías 9:12, Isaías 61:7). ¡En una escritura, Él incluso promete devolvernos siete veces lo que el ladrón se ha robado (véase Proverbios 6:31)!

Cuando no disponemos del conocimiento correcto, el diablo saca ventaja de nosotros, pero una vez que conocemos la verdad de la Palabra de Dios, eso nos hace libres. La frase *nos hace libres* no significa que esa libertad tiene lugar de una forma mágica sin que haya una acción por nuestra parte. La verdad que aplicamos a nuestra vida es la que nos libera. ¡Solo la comprensión de que no tenemos que vivir como víctimas, sino en realidad podemos levantarnos y aprovechar el día, constituye en sí misma una libertad!

Una mentalidad de víctima

Una víctima es una persona que resulta dañada por otra. Una víctima está involucrada en una desafortunada situación: la víctima de un accidente de auto, un fuego, un robo, o alguien de quien han abusado. La víctima resulta lastimada y es incapaz de hacer algo para prevenir el daño. Muchas personas son víctimas de varias situaciones desafortunadas, pero ellas pueden recuperarse con la ayuda de Dios a menos que desarrollen una mentalidad de víctima y se nieguen a liberarse.

Fui víctima de abuso sexual, y por muchos años viví como una víctima. Sentí lástima por mí misma, usé mi pasado como una excusa para mostrar una mala actitud y una mala conducta, tuve mucho rencor, así como un sentimiento de que el mundo me debía un tratamiento preferencial debido a que había sido una víctima. Esa actitud equivocada nunca hizo mi vida mejor, sino solo me mantuvo atrapada en el dolor del pasado.

La Palabra de Dios nos dice que dejemos ir el pasado y confiemos en que Dios es nuestro vindicador. Por supuesto, esto no resulta fácil, pero es más fácil que permanecer siendo una víctima. Dios quiere darnos la victoria, pero necesitamos tener una mentalidad victoriosa. A donde la mente va, el hombre la sigue (véase Proverbios 23:7). Si su pensamiento está acorde con la verdad encontrada en la Palabra de Dios, entonces nuestra vida finalmente será lo que Dios tenía la intención que fuera.

Si usted ha sido una víctima y siente que las cosas que ha sufrido aún lo están afectando, intente esto: Permanezca en la cama por unos pocos minutos después de despertarse y traiga a su mente algunos pensamientos a propósito. Piense algo así: *Este es el día que Dios ha hecho y me ha dado como un regalo. ¡No lo desperdiciaré! Mi pasado ha quedado atrás, y nada de este puede tener algún efecto sobre mí si no se lo permito. Dios está de mi lado, y yo elijo vivir este día con energía, entusiasmo y pasión. Por la gracia de Dios, voy a levantarme y dedicar mi tiempo a aquellas cosas que tienen un propósito. ¡Me opongo al diablo, y él no me robará mi tiempo hoy!*

Prepárese para hacer esto día tras día, y pronto comenzará a ver los resultados. Lleva tiempo renovar la mente, así que no se sienta decepcionado si no obtiene resultados inmediatos. Resultará extraordinario si los obtiene, pero al menos esté dispuesto a no rendirse y mostrarse determinado si lo necesita. Empezar cada día con esta mentalidad ayuda a que su día comience bien.

Quizás millones de personas yacen en su cama cada día y piensan: *No quiero levantarme. Mi vida es miserable. Nada bueno me sucede. Toda mi vida las personas han abusado de mí. Odio mi vida y tengo miedo de enfrentar otro día.* Durante muchos años me desperté a diario con una versión de este tipo de pensamientos. Era desdichada, y me hacía más desdichada a mí misma con mis propios pensamientos y actitudes. No era conciente de que podía hacer cualquier cosa con mi vida, así que permanecí siendo una víctima. ¡Sin embargo, gracias a Dios, Él me dio la victoria por medio de Cristo! Él desea darle la misma victoria a todo el que haya sido una víctima y necesite redención.

Mas gracias sean dadas a Dios, que nos da la victoria por medio de nuestro Señor Jesucristo.

1 Corintios 15:57

Viva la vida a propósito

Aprovechar el día significa que vivimos la vida «a propósito». ¡No esperamos que las cosas nos sucedan, sino las hacemos suceder! ¡Vivimos dinámicamente, actuamos, pensamos, planeamos y vamos por lo mejor! Hemos nacido con un temperamento escogido por Dios, y lo cierto es que no somos todos iguales. Algunas personas

> *¡No esperamos que las cosas nos sucedan, sino las hacemos suceder!*

son naturalmente más entusiastas que otras, pero Dios no ha ordenado que seamos pasivos, inactivos, apáticos y sin propósito. No importa cómo Dios lo ha diseñado, es importante que se convierta plenamente en la persona que está supuesta a ser y que glorifique a Dios con su vida.

Cuando sugiero que vivamos una vida «a propósito», esto no significa que todos tenemos un propósito trascendental. Nuestro propósito varía en las diferentes etapas de nuestra vida. Cuando yo tenía dieciocho años, mi propósito era alejarme de mi padre que abusaba de mí, conseguir un trabajo y convertirme en alguien capaz de cuidar de mí misma. Para el momento en que cumplí los veintitrés, me había divorciado, era una madre soltera y estaba sola. Mi propósito era sobrevivir, pagar mis facturas, encontrar una buena guardería infantil y, con un poco de esperanza, que algún día alguien me amara verdaderamente. Cuando cumplí los treinta, mi propósito era criar a tres niños que ya tenía por ese entonces, aprender a ser una buena esposa, mantener mi casa limpia, cocinar tres comidas diarias y vivir con un presupuesto muy limitado.

Dios era parte de mi vida a la edad de nueve años, pero una parte muy pequeña. Lo mantenía en las márgenes de mi vida solo para las emergencias. A pesar de que era cristiana, no tenía idea de lo que estaba disponible para mí como creyente en Jesús. Continuamente luchaba para avanzar a través de cada día, mostrando una actitud amargada y haciendo lo mejor que podía para sobrevivir.

Para el tiempo en que cumplí los cuarenta, había establecido una relación mucho más seria con Dios. Estaba estudiando su Palabra, trabajando en una iglesia e impartiendo un estudio bíblico. Me hallaba en el proceso de sanar de todas las heridas emocionales que tenía y comenzando a ver que no tenía que ser una víctima. Ahora tengo más de setenta y he vivido la vida «a propósito» por muchos, muchos años. Conozco de cerca los resultados de vivir como una víctima y sin alcanzar la victoria. La victoria está disponible para todos, pero debemos ganarla. No se trata de algo que simplemente nos ocurre. Es un regalo de Dios y nos es dada por su gracia, aunque el diablo está siempre rondando cerca, esperando robar lo que Dios ofrece. Por lo tanto debemos vivir con intención, propósito y una actitud que diga: *¡Tendré lo que me pertenece como hijo de Dios! ¡No seré engañado! ¡Voy a aprovechar el día!*

El apóstol Pablo mostró esta actitud, y podemos observarla con claridad en su carta a los filipenses. Él escribió que tenía la intención de alcanzar aquello para lo cual Cristo lo salvó.

> *No que lo haya alcanzado ya, ni que ya sea perfecto; sino que prosigo, por ver si logro asir aquello para lo cual fui también asido por Cristo Jesús.*
>
> Filipenses 3:12

En el mismo capítulo de la Biblia, Pablo también hace una declaración firme anunciando su propósito determinado. El apóstol señala que su propósito determinado era conocer a Dios y el poder de su resurrección que lo levantó de los muertos, incluso mientras él se hallaba en su cuerpo (véase Filipenses 3:10). ¡Vaya! Puedo sentir el poder de la determinación de Pablo. Sabía lo que Dios deseaba para él, e iba a apropiarse de ello, poseerlo, recuperar todo lo que el diablo le había robado a través del engaño.

El solo hecho de escribir sobre estas cosas aumenta mi pasión por vivir la vida a plenitud, y espero que leer sobre ellas produzca el mismo efecto en usted.

Haga suyo el Reino de Dios

El diablo se mantiene trabajando de manera activa y es incansable en su búsqueda de hacer el mal. Esta escritura lo describe muy bien:

*Acecha en oculto, como el león desde su cueva; acecha
para arrebatar al pobre; arrebata al pobre trayéndolo
a su red.*

Salmo 10:9

El pobre que se menciona en este versículo se refiere no
solo a aquellos que tienen escasez financiera, sino también a
los que son pobres en lo que respecta a ser amados, saber la
verdad o tener un conocimiento espiritual. Pobres son aquellos que están esclavizados y necesitados de alguna forma.
Satanás quiere tener dominio sobre nosotros, pero Dios se
encuentra listo para rescatarnos y redimirnos. La elección
es nuestra. ¿A quién le vamos a creer? ¿Nos hundiremos en
nuestro dolor y permaneceremos allí, o nos levantaremos
con determinación en nuestros corazones y aprovecharemos
la vida que Dios envió a Jesús a comprar para nosotros?

La Palabra de Dios es clara en cuanto a que debemos
hacer nuestro el Reino, ya que tenemos un enemigo que
está trabajando para robárnoslos:

*Desde los días de Juan el Bautista hasta ahora, el reino
de los cielos sufre violencia, y los violentos lo arrebatan.*

Mateo 11:12

Una mirada más cercana a esta escritura en el lenguaje
original en que fue escrita nos revela que Jesús aquí afirma
que el Reino de Dios ha experimentado ataques, pero el
«enérgico» lo toma por la fuerza y lo arrebata. El Reino de
Dios está sufriendo violencia, lo cual significa que está sufriendo ataques. Satanás es incansable en lo que respecta a
atacar el Reino de Dios y sus propósitos en esta tierra. Sin
embargo, hay una respuesta a la situación. Los violentos
(enérgicos, activos) lo arrebatan. Ellos recuperan lo que el
diablo les ha robado. Se muestran determinados, y aprovechan cada día para cumplir los propósitos de Dios. Me
gusta el lenguaje que emplea la versión de la Biblia Amplificada en inglés para este versículo: «Una porción del reino

de los cielos se busca con el más ardiente fervor y gran empeño».

Si usted siente que le falta este tipo de entusiasmo y energía, le recomiendo que comience a orar por ellos. Con frecuencia pronuncio la siguiente oración: «Pido energía, fervor, entusiasmo y pasión para vivir este día. Permíteme ser una persona que vive la vida de manera intencional, aprovechando el día y usándolo de la mejor forma posible».

No soy una persona holgazana, pero tampoco soy del tipo altamente enérgico, que salta de la cama cada día con un exuberante fervor. Sin embargo, soy muy determinada, y eso supera cualquier falta de entusiasmo que pueda tener. Recientemente se me ocurrió que podía orar pidiendo estos sentimientos. Después de todo, la Biblia afirma que no tenemos porque no pedimos (véase Santiago 4:2). Luego de orar, como a menudo es el caso, Dios me guió a hacer algunas cosas específicas como comer más proteína y tomar algunos suplementos adicionales que no formaban parte de mi régimen. Como he mencionado, Dios responde las oraciones, y una de las formas en que lo hace es mostrándonos lo que necesitamos hacer. Usted no obtendrá buenos resultados si ora pidiendo energía y luego no duerme lo suficiente, come alimentos poco saludables, tiene una carencia nutricional, no se ejercita y muestra una mentalidad negativa. Con Dios todas las cosas son posibles, pero no se dan de forma automática. Nosotros debemos cooperar con Él y actuar de manera obediente. Cuando la madre de Jesús le pidió que hiciera un milagro, ella luego se volvió a la gente y dijo:

Haced todo lo que os dijere.

Juan 2:5

Ellos hicieron lo que Jesús les ordenó y tuvieron su milagro. ¡Con frecuencia es así de simple! Existen situaciones en que no importa lo que hagamos, nada cambia y necesitamos esperar pacientemente por Dios para que haga lo que ningún ser humano puede hacer, sin embargo, si Él nos pide que actuemos de determinada manera, ciertamente necesitamos hacerlo.

En la medida que he continuado orando y haciendo las cosas que Dios me ha pedido que haga, he notado un incremento en mi actual energía física... ¡y eso se siente bien! La energía hace cada día mejor, así que lo animo a que examine este aspecto de su vida, ore, y luego cumpla su parte en cuidar de sí mismo de modo que pueda convertirse en la persona más saludable que posiblemente pueda ser.

El apóstol Marcos nos dice otra cosa sobre la cual reflexionar en su carta:

> *Ninguno puede entrar en la casa de un hombre fuerte y saquear sus bienes, si antes no le ata, y entonces podrá saquear su casa.*
>
> Marcos 3:27

Con anterioridad en el capítulo 3 de Marcos, una multitud se había reunido en contra de Jesús y lo estaban acusando de hacer las obras que hacía con la ayuda de Beelzebú (el diablo). Ellos le dijeron que echaba fuera a los demonios con la ayuda del príncipe de los demonios (véase Marcos 3:21–26).

Jesús les respondió contándoles una parábola. Él explicó que nadie podía entrar a la casa de un hombre fuerte y robarles a menos que primero no lo atara. Con esto quería decir que estaba liberando a las personas y haciendo tales milagros porque primero había atado al hombre fuerte (el diablo) que causaba sus problemas. La lección para nosotros es que también podemos atar al diablo e impedirle que robe nuestras vidas, pero esto requiere acción.

A veces la simple decisión de ser activos mantiene al enemigo atado. Él obra a través de la pasividad, la pereza y la inactividad, pero cuando hacemos activamente lo que Dios nos ha

¿Qué debe usted hacer si sabe lo que debe hacer, pero solo no quiere realizarlo lo suficiente como para que lo impulse a actuar?

mandado a hacer, el enemigo no encuentra puertas abiertas en nuestra vida.

¿Qué debe hacer si usted sabe lo que debe hacer, pero simplemente no quiere practicarlo lo suficiente como para que lo impulse a actuar? Esta es una pregunta válida y una con la que debemos lidiar. Puedo escribir cien libros sobre qué hacer, pero las personas no lo llevaran a cabo a menos que posean un «deseo» en su espíritu que venza cualquier resistencia de la carne.

Le recomiendo que se enfoque en Jesús, en cuánto Él lo ama y lo que ha hecho por usted. Mientras recibe su amor y permite que este lo sorprenda, se encontrará queriendo hacer todo lo que Él le pide que haga. El desarrollo de su relación personal con Dios resulta muy importante, porque constituye el fundamento de cualquier tipo de obediencia. Jesús dio: «Si me amáis, guardad mis mandamientos» (Juan 14:15). El apóstol Juan escribió que nosotros amamos al Señor porque Él nos amó primero (véase 1 Juan 4:19); por lo tanto, recibir el amor de Dios causará que usted lo ame en respuesta, y a partir de ese amor lo obedecerá.

Luchar para hacer lo correcto solo con su fuerza de voluntad únicamente lo ayudará en una pequeña medida. Cuando agotamos nuestra propia fortaleza, lo cual nos sucede a todos, necesitamos el poder de Dios (su gracia) para que nos lleve hasta el final. Debido a que este libro está lleno de exhortaciones a que sea enérgico, activo, entusiasta, apasionado y lleno de fervor, es también importante que le advierta sobre el peligro de las «obras de la carne». Ellas son las obras de los seres humanos apartados de Dios, que tratan de hacer por sí mismos cosas para las que necesitan la ayuda del Señor. «Dios, ayúdame» es posiblemente una de las oraciones más importantes que necesitamos pronunciar cada día de nuestra vida.

Lo que le estoy animando a hacer en este libro no son cosas que debe practicar para ser salvado o que Dios lo ame. ¡Esos son regalos gratuitos! Simplemente deseo que viva la mejor vida que Dios tiene para usted al alentarlo a que aproveche cada día y use su tiempo con sabiduría.

Necesitamos enormes cantidades de la gracia de Dios a fin de hacer lo que es correcto, y su gracia está siempre disponible, abunda y rebosa. ¡Él nos ofrece más y más gracia! Toda la ayuda que necesitamos está disponible si se la pedimos y la recibimos. Jesús dijo que pidiéramos y nos mantuviéramos pidiendo (véase Mateo 7:7). Si siente que le falta determinación, pasión, fervor o entusiasmo, no piense que este libro no es para usted. Es especialmente para usted, porque Dios tiene un propósito y un plan, y usted desempeña un papel importante en este. Continúe leyendo, siga orando, y crea que hoy es su día para lograr algo grande. Recuerde:

> El ayer se fue. El mañana no ha llegado. Todo lo que teneos es el día de hoy. Comencemos.
>
> Madre Teresa[11]

Resumen del capítulo

- La verdad de la Palabra de Dios lo hace libre.
- La victoria se alcanza cuando usted tiene una mentalidad victoriosa, no una mentalidad de víctima.
- Aprovechar el día significa vivir la vida «a propósito».
- Usted puede escoger la actitud que dice: «¡Tendré lo que me pertenece como hijo de Dios! ¡No seré engañado! ¡Voy a aprovechar el día!».
- Cuando hacemos activamente lo que Dios nos ha mandado a hacer, el enemigo no encuentra puertas abiertas en nuestra vida.

CAPÍTULO 10

Programación y planificación

Hazme oír por la mañana tu misericordia, porque en ti he confiado; hazme saber el camino por donde ande, porque a ti he elevado mi alma.

Salmo 143:8

Como el versículo bíblico anterior sugiere, es sabio comenzar cada mañana pidiéndole a Dios que nos muestre cómo Él desea que caminemos y requiriendo su ayuda para continuar. ¡Ore y luego planee! Si reconocemos a Dios en nuestros caminos, Él promete dirigir nuestros pasos (véase Proverbios 3:5–6). El Señor simplemente desea que le preguntemos si aprueba nuestro plan, y que le digamos que si no es así estaremos felices de cambiarlo. La Palabra de Dios nos instruye:

Pon todo lo que hagas en manos del Señor, y tus planes tendrán éxito.

Proverbios 16:3 (NTV)

Nuestros planes no trabajan bien a menos que Dios los bendiga, y con mucha frecuencia Él lo hace con solo presentárselos. Dios deja a nuestra libre elección la mayoría de los detalles del día, pero desea que lo tengamos en cuenta.

La programación es el arte de planificar nuestras actividades de modo que usted pueda lograr sus metas en el tiempo que tiene disponible. La programación puede maximizar su eficacia y reduce sus niveles de estrés.

La falta de programación, por otra parte, reduce la productividad y resulta en una perdida de tiempo en lugar de disfrutar las recompensas de una vida fructífera y la mejor que Dios quiere para nosotros. Podemos ser proactivos en vez de reactivos, lo cual significa que necesitamos tener la iniciativa. Una vida de reacción es en realidad una vida de esclavitud. Elija lo que quiere hacer cada día antes de que otras cosas o personas tomen las decisiones por usted. Así como tenemos un presupuesto financiero de algún tipo, necesitamos un presupuesto de nuestro tiempo. Esto nos ayuda a evitar el estrés y no desperdiciar tiempo en las tareas menos importantes mientras nos quedamos sin nada para las que en realidad importan.

No trate de hacer esto solo, sino primero encomiéndese usted mismo y su día al Señor. Ofrézcale todo lo que usted es y tiene, incluso su tiempo, y pídale que lo guíe mientras planea su día. Dios nos ha dado los dones del sentido común y la sabiduría, y como una parte de nuestro libre albedrío espera que los usemos en la planificación diaria. Planificar es simplemente pensar con sabiduría. Es considerar cuánto tiempo usted tiene y decidir lo que quiere o necesita hacer con este.

¿Cuánto puede hacer usted de manera realista en un día? ¿Qué cosas podemos terminar sin sentir frustración o estrés? ¿Cuáles son las cosas más apremiantes que necesita atender primero? ¿Qué podemos dejar para mañana si fuera necesario? ¿Nuestra planificación está permitiendo un espacio para vivir una vida equilibrada que incluya adorar, descansar, reír, así como también el cumplimiento de las tareas?

Como una adicta al trabajo en recuperación, debo confesar que no siempre aplico los principios que lo estoy exhortando a aplicar. He aprendido de mis errores, pero quizás usted pueda aprender sin cometer los mismos que yo he cometido.

¿Qué proyectos inacabados le molestan más cuando piensa en ellos? Podría evitarse una gran cantidad de ansiedad y además disponer de más energía si solo comenzara a terminarlos de manera sistemática y eliminara el estrés que le causan. Posponer un proyecto nunca hace que resulte más fácil de hacer luego. ¡Dispóngase a hacerlo y termínelo!

El simple pensamiento de planear y en especial de programar puede causar que algunas personas no quieran leer ni una palabra más de este libro. Nuestro temperamento determina cuán detallados estamos dispuestos a ser o somos capaces de mostrarnos en cosas como la programación. ¡Mi asistente personal es lo máximo en lo que respecta a la organización! Su calendario y la copia del mío que ella mantiene y dirige están coordinados por colores y tienen notas adhesivas cubriendo cada mes. Cada nota muestra un breve y conciso mensaje. Mi asistente coloca esos calendarios frente a ella y se deleita leyéndolos y releyéndolos y mejorándolos de cualquier forma que pueda durante horas. Si yo decido cambiar una cita, algo que hago con frecuencia, usualmente esto produce un efecto de onda que implica que ella tenga que mover varias otras cosas, pero no parece molestarle en absoluto. Si yo trabajara para mí, me miraría y diría: «Tienes que estar bromeando, Joyce. ¿Acabo de organizar todo esto y ahora tu quieres que lo cambie?».

Recuerdo que le pregunté una vez qué le gustaba hacer cuando tenía tiempo y en realidad me dijo: «¡Me encanta organizar!». Pensé que estaba bromeando, pero no era así. Resulta muy obvio que sus habilidades son un don que Dios le ha dado, y también es evidente que yo no lo poseo, así que estoy muy feliz de poder contar con ella.

Dios nos da diferentes dones y desea que los usemos para el beneficio de otros. ¡Usted nunca tiene que ser como alguien más! A pesar de que tal vez no poseamos el tipo de habilidades organizacionales que otras personas demuestran, todos tenemos la capacidad de ser lo suficiente organizados como para no desperdiciar nuestra vida. Si siente que le faltan estas habilidades, no solo asuma que no es una persona organizada, sino esté dispuesto a aprender y crecer. También es altamente recomendable que no diga con regularidad: «No soy muy organizado». Nuestras palabras son poderosas, y las palabras negativas pueden mantenernos atrapados en una flaqueza de la que nos gustaría liberarnos.

Mi hija, Laura, ciertamente no es muy organizada. Ella también tiende a olvidar las cosas con frecuencia, pero de modo interesante, dirige por completo un hogar que incluye a su esposo y cuatro niños. En adición a eso, ayuda a cuidar de mi tía viuda, quien se encuentra en una residencia de ancianos, y trabaja a tiempo parcial para mí. La entrevisté brevemente para este libro a fin de preguntarle cómo alguien que es desorganizada se las arregla para lidiar con todas las cosas que tiene a su cargo. Me comentó que escribir una nota cada día sobre lo que necesita hacer durante esa jornada ha resultado lo más útil para ella. Y señaló: «Aunque aun así, puedo olvidar leer mi nota». Luego añadió: «Mamá, no tienes idea de cuán a menudo Dios me recuerda hacer algo justo a tiempo, y eso es lo que me mantienen fuera de problemas».

Así que a partir de este ejemplo podemos ver que Dios nos ayuda en nuestras debilidades. En realidad, su fortaleza se manifiesta a través de ellas. ¡Ore, elabore un plan, y confíe en que Dios lo ayudará a recordar cumplirlo!

La persona espontánea

Algunas personas le tienen aversión a planificar, ya que afirman que son espontáneas y quieren ser libres para hacer lo que elijan en el momento que deseen. Eso, por supuesto, es su derecho, pero dudo mucho de que puedan hacer tantas cosas buenas con su tiempo como las que harían si incluyeran un poco de planificación en su vida.

Necesitamos una cierta medida de espontaneidad de modo que no nos convirtamos en personas tan inflexibles con nuestros planes y horarios que no dejemos espacio para nada más que nuestro propio «plan». Hacer algo por impulso es bueno para todos nosotros ocasionalmente. Sin embargo, *ocasionalmente* es la clave para no dejar que las cosas se salgan de control. Soy espontánea hasta un cierto grado (la mayoría de las personas que conozco podría decir que hasta un grado diminuto), pero antes de que deje a un lado todo y haga algo espontáneamente porque un amigo o uno de mis hijos me lo pidió, tengo que pensar en mis responsabilidades y preguntarme a mí misma si es algo que precisa hacerse hoy y no puede posponerse.

La responsabilidad, aunque no siempre es lo más agradable, constituye una importante prioridad. Winston Churchill dijo: «El precio de la grandeza es la responsabilidad».[12]

Las personas espontáneas tienen mucha diversión y podemos contar con ellas para cualquier cosa que queramos hacer, sin embargo, ¿son ellas obedientes al sueño original de Dios para los seres humanos de que fueran fructíferos? Si usted es una persona espontánea, no se moleste o se ofenda conmigo. Estoy feliz de que sea quien es, pero si necesita un poco de equilibrio o un ligero cambio en sus prioridades, ¿por qué no seguir leyendo? No importa el tipo de personalidad que tenga, la única forma de mantener sus prioridades correctas es estando dispuesto a ajustarlas con regularidad.

Todos tenemos diferentes niveles de responsabilidad en nuestra vida, y si hemos aceptado el privilegio de hacer algo, debemos aceptar la responsabilidad. Si alguien es doctor, a él o ella se le ha dado un extraordinario don, pero con el mismo viene la responsabilidad de estar disponible cuando se le necesite y salir de la cama en medio de la noche porque a un paciente lo han llevado a la sala de emergencias. Si usted desea ser el jefe, tendrá más responsabilidad que los otros empleados.

Disfruté del privilegio de tener cuatro formidables hijos, pero también tuve la responsabilidad que viene con la crianza de los niños. Ningún privilegio viene sin responsabilidad, y esperar uno sin la otra es una simple insensatez.

Elabore un plan

Todos necesitamos un plan para cada día. Incluso si nuestra idea es no hacer nada ese día, debemos planear esto y hacerlo con toda intención. No quiero que mi vida se vea controlada y manipulada por las circunstancias, mis propias emociones u otras personas. Si hago algo, debe ser porque he decidido hacerlo. Espero que usted también quiera eso. Vivir mi vida «a propósito» ha llegado a ser muy importante para mí, y me ha llevado a un punto en el que vivo con mucho menos arrepentimiento que nunca.

Definitivamente pienso que necesitamos un plan para cada día, pero cómo hacemos la planificación depende por completo de nosotros y puede ciertamente acomodarse a nuestro propio temperamento. Tengo innumerables planes debido a que esa es la forma en que me gusta vivir. ¡Incluso ya he planeado qué comeré en el restaurante al que vamos a ir esta noche! Tengo varios amigos que se burlan porque planeo dónde, cuándo y qué voy a comer... ¡pero les gusta cenar conmigo, ya que casi siempre resulta muy bueno! Planeé ir al restaurante que visitaré esta noche desde hace una semana e hice las reservaciones para asegurarme de poder entrar. De esa forma no me sentiré decepcionada.

He planeado cuántas horas quiero trabajar hoy y las llamadas telefónicas que deseo hacer. Planifico mi día cada mañana, pero puedo adaptar la mayoría de las cosas si lo necesitara. Sin planes no tenemos dirección, y terminamos sin hacer nada o a lo sumo muy poco. Quedamos sujetos a los caprichos de cualquier persona o cosa que llegue a nuestra vida. Justo ahora me siento satisfecha, porque casi acaba la tarde y he logrado terminar una gran cantidad de cosas, aunque aún tengo tiempo para relajarme y divertirme un poco.

Hacer los planes de que hablo no requiere una planificación complicada, solo es necesario que piense un poco en lo que desea hacer con su tiempo. Si hace un plan y necesita ser modificado, entonces sea flexible, pero al menos tenga un plan de algún tipo.

Es raro el día en que mis planes funcionan a la perfección o no tengo que hacer cosas que no he planeado, así que incluso planifico pensando en lo inesperado que pueda suceder. Siempre deje algún espacio en su horario para las cosas que no programó, y eso lo ayudará a evitar el estrés y la presión. Cualquiera que piense que su día va a transcurrir perfectamente de acuerdo a sus planes, con seguridad terminará frustrado y decepcionado. Recientemente, tuve dos días seguidos en los que no cumplí mucho de lo planeado, sino que terminé pasando un día con mi hija inesperadamente y el otro con Dave. El día después de que ocurriera esto, me encontraba hablando con el Señor y le dije: «Me siento frustrada, ya que no logré hacer mucho de lo que había planeado para los dos días pasados», y de inmediato lo escuché hablar en mi corazón diciéndome que la frustración era un desperdicio total de tiempo y no lograba otra cosa que hacerme sentir desdichada. Luego me recordó que mi relación con mi familia es muy importante y que por lo tanto había usado mi tiempo sabiamente después de todo.

¡Espere lo inesperado!

¡Como mencioné antes, es sabio dejar algún espacio en su planificación y pensar en lo inesperado! Uno de los problemas que yo misma me causé durante muchos años fue no contar con un espacio en mi horario para cosas como estas. Planeaba las cosas literalmente de una manera consecutiva, sin dejar ningún intervalo de tiempo entre ellas... ¡y esto era una receta para el estrés! Terminaba dando carreras y sintiéndome molesta debido a que las personas y las cosas se interponían en mi «plan». No me gustaban lo que llamaba pequeñas pausas: los intervalos de diez a quince minutos entre las cosas que no me dejaban tiempo suficiente para hacer algo realmente útil. Siempre los consideraba como un desperdicio de tiempo, hasta que descubrí que los necesitaba para tomar un respiro y reordenar mis pensamientos. Esos momentos son buenos para darle gracias a Dios, o justo para hablar con Él acerca de cómo su día está transcurriendo. Si las cosas no están yendo bien, esta puede ser una oportunidad de escucharle decir a Dios qué ajustes podemos hacer para de todas formas terminar teniendo un día fructífero.

Si no dejamos un tiempo entre las citas y las cosas que nos hemos comprometido a hacer, ¿qué sucede si el doctor llega diez minutos tarde, nos vemos detenidos en un tráfico inesperado, o recibimos una llamada telefónica en el último minuto que no podemos ignorar? ¡La respuesta es que surge la presión, y los presionados somos nosotros! Cuando enfrentamos esa presión, a menudo se la trasmitimos a otra persona con la que estamos tratando. El simple acto de planificar algún tiempo para cosas que no esperamos podría traer una gran cantidad de paz a su mundo.

Si usted espera que le proporcione una guía detallada de cómo planificar su día, se sentirá decepcionado. Si eso es lo que quiere, existen numerosos libros que puede comprar que le ofrecerán una fórmula paso a paso para la planificación y la programación. La fórmula de otra persona nunca funciona para mí, pero si resulta para usted, adelante. Sin embargo, lo exhorto a no pasar su vida queriendo saber lo que otros hicieron que funcionó para ellos sin nunca encontrar en el proceso lo que Dios tiene para usted. Creo firmemente que somos seres individuales, y Dios nos guiará si le damos la oportunidad. Mis métodos de organización no son como los de mi asistente administrativa. No utilizo combinaciones de colores ni notas adhesivas, pero tengo mi propio sistema que funciona para mí.

Pienso que si he tenido éxito en convencerlo de la importancia de tener un plan y disciplinarse a sí mismo para apegarse a este dentro de lo razonable, usted es lo suficiente sabio para considerar su propia vida y hacer algunas decisiones. Creo que necesitamos espacio para respirar en lugar de quedar atrapados en una fórmula que funcionó para alguien más, pero puede que nunca resulte para nosotros. La madurez espiritual requiere que en algún punto desatemos nuestro bote del muelle y nos lancemos a las olas del

Espíritu de Dios, lo cual es otra forma de decir: «Aprenda a ser guiado por el Espíritu Santo».

Una de las cosas más importante que cualquier maestro de la Biblia puede enseñarle es cómo ser guiado por el Espíritu Santo. Solo Él puede traer a nuestras vidas la variedad y la creatividad que nos impedirá aburrirnos con la monotonía, las reglas y las regulaciones. Lo desafío a preguntarle a Dios con respecto a un plan para su día, y creo que Él lo guiará. Ahora considere qué necesita o quiere hacer hoy (un poco de ambas cosas, espero) y decida qué desea terminar en primer lugar, en segundo, y así sucesivamente. A algunas personas les gusta hacer listas y a otras no, de modo que diviértase descubriendo lo que resulta en su caso. Encontrar un plan que trabaje para usted puede requerir un proceso de prueba y error.

Digamos que desea seriamente ejercitarse con regularidad. Esto puede ser yendo al gimnasio, trotando a diario con un amigo, o usando una máquina para caminar o cualquier otro equipo que pueda comprar y tener en su casa.

Usted se inscribe en el gimnasio o compra su equipo y trata de levantarse una hora antes de lo usual, algo que odia por completo. Termina sintiéndose cansado toda la jornada y después de una semana abandona su plan y continúa haciendo los pagos al gimnasio con la esperanza de regresar algún día. O mira la máquina para caminar que ahora solo le grita que no se halla en buena forma.

En lugar de renunciar, intente algo más. Trate de ejercitarse tarde o durante el fin de semana, o intente cualquier cosa que le permita empezar. Una vez que ha tenido un buen comienzo, probablemente encuentre más fácil incrementar el número de días o el tiempo, pero no se rinda porque su primer esfuerzo no funcionó. Después de sesenta y dos años de no ejercitarme y vivir con mi esposo «en forma», quien ha hecho ejercicios desde que era un adolescente, finalmente decidí dejar de dar excusas y hacer algo. Pensé que algo era menor que nada, incluso si se trataba de solo quince minutos tres veces a la semana. Asombrosamente, ahora que ya llevo diez años de un exitoso entrenamiento con pesas, puedo ver con claridad por qué fallé tanto tiempo antes de alcanzar la victoria.

Me mantenía elaborando planes y programas y pensando que debía ser capaz de hacer lo que otros habían estado haciendo de forma exitosa de la noche a la mañana, pero mi pensamiento no era realista. Usualmente queremos ponernos en forma en un par de semanas, sin embargo, no sucede así. Planifique para un largo, largo, largo, largo tiempo, y entonces no se sentirá decepcionado. Creo que a menudo terminamos derrotados porque comenzamos con un plan al que otra persona ha llegado luego de muchos años de experiencia.

Usted puede comprar un libro que le ofrezca detalles sobre programación y esto puede ayudar, pero tenga en mente que su autor es alguien que probablemente falló en su camino al éxito antes de escribirlo. Concédase tiempo y espacio para ser imperfecto mientras está progresando.

> Concédase tiempo y espacio para ser imperfecto mientras está progresando.

Planifique renunciar

¿Ha pensado alguna vez en planear renunciar a algunas cosas? Creo que es una buena idea y una que le permitirá ahorrar tiempo. Podemos planificar renunciar a contestar el teléfono por una hora. Honestamente, nunca supe que eso era tan importante para mí hasta que tuve un teléfono celular con mensajes de texto y correo electrónico incluidos. ¡De repente, pienso que debo estar disponible para el mundo en todo momento, y actúo como si las cosas se derrumbaran si no pueden contactarme durante una hora!

Planear renunciar a unas pocas cosas nos ayudará a recordar que el mundo puede sobrevivir después de todo si no estamos presentes por un rato. En realidad es triste cuando pensamos que debemos llevar el teléfono con nosotros hasta cuando vamos al inodoro.

Podemos renunciar a contestar algunas llamadas hasta más tarde. He descubierto que cuando no respondo, la persona que llama con frecuencia deja un mensaje que no requiere respuesta. Recientemente le dije a mi asistente administrativa que no quería que me enviara ningún mensaje de texto o archivo lleno de asuntos por treinta días a menos que fuera una emergencia. Me estaba recuperando de una cirugía y quería el tiempo para restablecerme con tranquilidad. Cuando los treinta días transcurrieron, me comentó que resultaba asombroso cuántas cosas que normalmente me hubiera enviado para lidiar con ellas se solucionaron por sí mismas en unos días. De manera sorprendente, mi asistente no tenía muchos asuntos pendientes que entregarme, incluso después de treinta días. ¡Vaya! ¡Yo no era tan importante como había pensado!

Mientras más disponibles estamos, más personas dependen de nosotros. Podemos darles a otros un poco de responsabilidad simplemente planeando renunciar a algunas cosas. No estoy sugiriendo que abandonemos nuestras responsabilidades legítimas, pero en verdad no tenemos que estar disponibles todo el tiempo para todos.

Una famosa violinista comentó que ella practicaba en su violín primero que todo y planeaba con toda intención renunciar al resto de las cosas hasta que terminara. Luego ordenaba su cama, sacudía los muebles, contestaba las llamadas telefónicas y hacia otros quehaceres. ¡No es de asombrarse que se volviera famosa!

La gestión del tiempo implica en realidad una autogestión. Si no nos dirigimos a nosotros mismos, nuestras vidas serán un caos. Las personas frustradas con frecuencia culpan a la vida de sus problemas, pero Dios no quiere que la vida sea algo que solo nos ocurra. Él quiere que la dominemos y dirijamos.

Resumen del capítulo

- La programación puede maximizar su eficacia y reducir sus niveles de estrés.
- ¿Su planificación está permitiendo un espacio para vivir una vida equilibrada que incluya adorar, descansar, reír, así como también el cumplimiento de las tareas?
- Posponer un proyecto nunca hace que resulte más fácil de hacer luego.
- Sea lo suficiente organizado para aprovechar su vida al máximo.
- Ore, elabore un plan, y confíe en que Dios lo ayudará a recordar cumplirlo.
- Usted puede en realidad planear renunciar a cosas que tal vez lo distraen y ocupan demasiado tiempo en su vida.

CAPÍTULO 11

Persevere con su plan

Aquellos que son bendecidos con el máximo talento no necesariamente superan a todos los demás. Es la persona perseverante la que se destaca.

Mary Kay Ash,
fundadora de los Cosméticos Mary Kay

Tener un plan es el primer paso para aprovechar el día, pero apegarse al plan es el segundo paso, y representa un reto que no siempre vencemos. Hay probablemente muy pocas personas que no tienen ningún plan. La mayoría de nosotros quiere hacer algo a diario, pero lo que nos frustra es que llegue el final del día y sepamos que hemos estado ocupados toda la jornada y sin embargo de algún modo no hemos terminado lo que teníamos la intención de hacer. ¡Ciertamente, podemos incluso no estar seguros de lo que hicimos, pero sabemos que estuvimos ocupados!

Hay muchas causas para esta falta de perseverancia, y en este capítulo analizaremos tres maneras de cumplir nuestras metas.

1. Tenga una actitud que indique: «Hoy es el día»

Tener el deseo de lograr algo es muy noble, pero la postergación de las cosas resulta una tentación y es muy engañosa. Cuando aplazamos una tarea, nunca nos decimos a nosotros mismos: «¡No voy a hacer esto que necesito hacer!». Simplemente aseguramos que lo haremos más tarde, pero con frecuencia más tarde se convierte en más tarde y en más tarde, hasta que la tarea nunca queda hecha. Es natural querer posponer las cosas que disfrutamos menos a favor de aquellas que nos agradan, pero este no es un rasgo del carácter de una persona exitosa. Las personas exitosas tienen la habilidad de mantenerse enfocadas y terminar las tareas.

Todos postergamos en alguna medida. Dudo que haya una persona en este planeta que haga todo en el momento que podría o debería ser hecho, pero para algunos individuos (he escuchado que el veinte por ciento de la gente) el problema resulta tan severo que conduce a otras dificultades aun más serias, como la pasividad o la holgazanería. La postergación de las cosas refleja nuestra lucha con el dominio propio.

Una persona puede pensar que está ganando tiempo hoy al postergar algo, pero eso es como usar una tarjeta de crédito. Es divertido hasta que llega la factura. El que pospone al final se enfrentará a la inactividad y todos los problemas que esta causa.

Cuando aplazamos las cosas, estamos en peligro de olvidar por completo lo que supuestamente debemos hacer. A veces, cuando le doy a alguien una tarea que cumplir y luego regreso y le pregunto si la terminó, me dicen: «Iba a hacerlo, pero todavía no he tenido tiempo», o «He estado realmente ocupado, pero voy a hacerlo». Esto puede ser cierto, pero también es posible que la persona postergue las cosas y luego olvide la tarea totalmente. Si ese es el caso, entonces la postergación conduce a un problema mayor, el cual radica en que la persona no está diciendo la verdad en cuanto a por qué el trabajo no fue realizado.

¡Solo hágalo!

La famosa camiseta Nike que muestra la frase «Solo hágalo» es conocida en todo el mundo. He estado en aldeas remotas de lugares lejanos y he visto a niños pobres vistiéndola. Un chico, cuando finalmente viajaba a los Estados Unidos, dijo: «¡Ahora puedo saber lo que significa la frase de mi camiseta!». Esto hace que me pregunte cuántas personas llevan esa camiseta y no tienen idea del mensaje personal que están ignorando.

Quizás usted ha escuchado el dicho: «El mejor momento

para hacer lo que necesita ser hecho es ahora», y esto en verdad es cierto. Ya sea que se trate de pagar la factura que se debe o recoger el pedazo de papel que se nos cayó al suelo... ¡el mejor momento de hacerlo es ahora! La habilidad de motivarse a sí misma para actuar de inmediato a fin de lidiar con lo que necesita hacerse es un rasgo de la persona exitosa.

> La habilidad de motivarse a sí misma para actuar de inmediato a fin de lidiar con lo que necesita hacerse es un rasgo de la persona exitosa.

Resulta asombroso cuán difícil es para algunas personas actuar a fin de hacer algunas tareas muy simples. Usamos el último trozo de papel higiénico y cuando pensamos en reemplazarlo ahora, nuestro próximo pensamiento es: *Lo haré después*. El después llega, como siempre sucede, y entonces nosotros mismos o alguien más se encuentra con el hecho de que ha ido al baño y no hay papel higiénico. Lo mismo sucede con la última servilleta en la caja, o el último pliego de papel toalla en el rollo. ¿Por qué no solo hacemos lo que necesita ser hecho? ¡No hay una buena razón, solo postergamos las cosas porque nunca nos creamos el fuerte hábito de hacerlas tan pronto como sea posible! Justo pasé junto a la secadora de ropa y me dije: *Podría sacar la ropa ahora y colgarla*, pero luego pensé: *Esperaré hasta más tarde*. No había razón en absoluto para esperar, y en verdad pude haber esperado y olvidarlo, y luego encontrar una secadora llena de ropa arrugada que podría causarme más trabajo... ¡así que decidí seguir mi propio consejo y no posponerlo!

Esta tendencia a aplazar las cosas sin razón alguna debe ser un rasgo inherente de la carne. Se trata de simple pereza, supongo, a menos que sea controlada. No es de asombrarse que Dios nos haya dado el fruto del dominio propio, y si queremos tener éxito en la vida, necesitamos ponerlo en práctica varias veces al día.

Subconscientemente pensamos que si hacemos todas las cosas que necesitan hacerse, no tendremos tiempo para hacer las cosas que queremos hacer, pero no es cierto. En realidad tendremos más tiempo para hacer esas cosas, y seremos capaces de llevarlas a cabo con tranquilidad, sin un poco de culpa por nuestra postergación.

Me encontraba hablando con un hombre recientemente y él contestó a una pregunta que le hice con una risita y la declaración: «Sí, yo acostumbro a postergar las cosas». ¡Obviamente no era consciente del peligro o no se hubiera reído! La postergación es un mal hábito, y la mejor forma de erradicarlo es formando un hábito nuevo, el buen hábito de hacer las cosas tan pronto como sea posible. No desperdicie su tiempo batallando con los malos hábitos, sino en cambio ponga en práctica el principio bíblico de vencer el mal con el bien (véase Romanos 12:21). Enfóquese en «solo hacerlo», y pronto se verá libre de la postergación.

2. Trate con las interrupciones de una manera exitosa

Interrumpir significa detener o entorpecer al entremeterse. Por ejemplo: «Él interrumpe al orador con preguntas frecuentes». Esto significa romper la uniformidad o continuidad de algo, o interferir en una acción.[13]

Puedo llegar a sentirme frustrada con facilidad cuando las personas me interrumpen mientras estoy hablando (lo cual sucede la mayoría del tiempo), escribiendo, estudiando para un sermón, mirando una buena película o hablando por teléfono. ¡Pienso que no me gusta ser interrumpida! ¿Debemos sentirnos frustrados con aquellas personas y cosas que nos interrumpen, o debemos encontrar maneras de protegernos cuando estamos haciendo algo y no queremos que nos estorben?

Esta mañana me hallaba escribiendo y absorta en mis pensamientos cuando Dave, que se encontraba en la cocina, recibió una llamada telefónica. Él estaba haciéndole correcciones a un artículo que había escrito para nuestra revista, y me sentí ligeramente molesta porque su voz estaba interrumpiendo el hilo de mis pensamientos. Traté de continuar por unos pocos minutos, pero finalmente decidí que debí hacer algo. Así que me levanté y cerré mi puerta. Entonces una cosa sorprendente ocurrió: ¡no hubo más interrupciones!

No podemos esperar que el resto del mundo deje de funcionar porque no queremos ser interrumpidos, por lo tanto, ¿por qué no ser proactivos y hacer arreglos para estar donde las interrupciones sean las menos?

Alejarse para finalizar un proyecto, cerrar una puerta, o incluso decirle a sus familiares y amigos o a sus compañeros de trabajo que necesita no ser interrumpido por un intervalo específico de tiempo, podría ahorrarle muchas frustraciones luego. Mi hija me dice con frecuencia que está yendo a la oficina a trabajar en un proyecto sin su teléfono, y que si tengo una emergencia llame a su esposo o le deje un mensaje y me llamará más tarde. Ella actúa de manera proactiva, y al hacerlo así, se evita las interrupciones que posiblemente pudiera tener si no lo hiciera.

> Al prevalecer sobre todos los obstáculos y distracciones, uno puede infaliblemente arribar a su meta elegida o su destino.
>
> Cristóbal Colón[14]

Otra forma de minimizar las interrupciones es aprendiendo a lidiar con ellas de inmediato. No se permita verse arrastrado a un problema que en realidad no tiene que solucionar justo ahora. Es permisible decirle que no a la persona si la oportunidad no es buena. Mientras más corta sea la interrupción, menos daño causará en nuestro enfoque. Tengo que admitir que a menudo causo mis propios problemas al dejarme envolver en cosas de las que verdaderamente puedo mantenerme alejada. Alguien puede interrumpirme, pero debo ser capaz de evitarlo rápidamente y regresar a aquello en lo que estaba enfocada si lo decido. Sin embargo, muchas veces tomo una decisión que sé que no es la mejor desde el momento en que la hago, y me enfrasco en un debate sobre un tema que va a requerir mucho más tiempo del que en realidad tengo. ¿Por qué? La curiosidad o quizás una necesidad desequilibrada de involucrarme puede ser la causa, pero estoy aprendiendo a hacerme responsable de algunas de mis pérdidas de tiempo. La única manera de que las cosas sean diferentes es asumiendo nosotros la responsabilidad de cambiarlas. Al aprender cómo aprovechar mi día y sacar el mayor provecho de mi tiempo, necesito vencer estas tentaciones, lo mismo que usted.

> La única manera de que las cosas sean diferentes es asumiendo nosotros la responsabilidad de cambiarlas.

Por supuesto, necesitamos ser capaces de discernir entre las interrupciones innecesarias y las interrupciones de Dios. Cuando Jesús visitó el hogar de María y Marta, María dejó lo que estaba haciendo y se sentó a sus pies para recibir la enseñanza. Ella no lo consideró una interrupción, sino una oportunidad que no iba a dejar pasar por alto. Marta, en cambio, no detuvo sus tareas y en realidad se sintió frustrada porque María lo hizo (véase Lucas 10:38–42).

Algunas veces hacemos planes y Dios se ríe, porque Él tiene otros designios para nosotros ese día que no conocemos aún. Algunos de los acontecimientos más grandes de todos los tiempos comenzaron con una interrupción. María se vio interrumpida por un ángel con la noticia de que ella daría a luz al Salvador del mundo (véase Lucas 1:26–31). Saulo, quien más tarde se convertiría en el apóstol Pablo, estaba en camino para perseguir a los cristianos y Jesús lo interrumpió, lo cual cambió su vida al instante (véase Hechos 9:1–9).

Interrupciones en el trabajo

He escuchado que el trabajador de oficina promedio es interrumpido setenta y tres veces cada día, y el director promedio sufre interrupciones cada ocho minutos. Las interrupciones incluyen llamadas telefónicas, correos electrónicos u otras formas de comunicación electrónica, e interrupciones por parte de colegas y situaciones de crisis. Una vez que tiene lugar una interrupción, se requiere aproximadamente veinte minutos para recuperar el mismo nivel de concentración que se tenía antes de la misma. Podemos pasarnos el día entero lidiando con las interrupciones y sin terminar nada de lo que planeamos hacer. Sin embargo, no podemos eliminar todas las interrupciones, porque algunas de ellas son importantes.

Pienso que es correcto formarse el hábito de no interrumpir a alguien que parece sumido en sus pensamientos a menos que no haya otra alternativa. Quizás podemos anotar las cosas que necesitamos preguntarle a las personas y luego encontrar un momento para esclarecerlo todo de una vez. Es posible que si sembramos las buenas semillas de no interrumpir a los demás podamos recoger la cosecha de no ser interrumpidos tan a menudo nosotros mismos.

La tecnología nos ha dado muchos regalos, entre ellos están docenas de nuevas formas de llamar nuestra atención. Resulta difícil hablar con un amigo sin que al menos entre otra llamada o sin nuestra opción de llamada en espera. Usted puede revisar su Facebook o Twitter un par de veces mientras trata de leer un capítulo de este libro. Es común ahora cuando estoy enseñando en mis conferencias que las personas escuchen y luego le envíen mensajes de texto a sus amistades sobre comentarios que he hecho durante la enseñanza. ¡A menudo me pregunto cuánto de lo que estoy diciendo se pierden mientras mandan mensajes de texto relacionados con lo último que dije!

¿Qué constituye una distracción? ¿Califican este tipo de cosas y, si es así, cómo nos afectan? Los investigadores afirman que nos están convirtiendo en tontos. Ellos se sienten bastante seguros de que todas las multitareas están deteriorando nuestra capacidad mental. La mayoría de nosotros sabe que si tratamos de hacer dos cosas a la vez, ambas sufren en alguna medida, pero en la sociedad acelerada de hoy en día continuamos haciéndolo. Parece como si nos halláramos en una máquina para caminar que está yendo tan deprisa que no podemos encontrar un lugar seguro donde bajarnos.

Alessandro Acquisti, un profesor de tecnología de la información, y Eyal Peer, un psicólogo de Carnegie Mellon, fueron comisionados para diseñar un experimento que permitiera medir la capacidad mental que se pierde cuando alguien batalla con las interrupciones.[15]

La prueba involucró a tres grupos de participantes. El primer grupo respondió ciento treinta y seis preguntas sin interrupciones. El segundo y el tercer grupos respondieron las mismas preguntas con dos interrupciones. Luego los grupos dos y tres fueron examinados de nuevo y se les dijo que serían interrumpidos. Un grupo fue interrumpido, pero el otro esperó interrupciones que nunca llegaron.

Durante la prueba inicial en la que los grupos dos y tres recibieron dos interrupciones, ellos respondieron correctamente veinte por ciento menos de las veces que aquellos que no fueron interrumpidos. El grupo que se volvió a examinar y resultó interrumpido de nuevo mejoró un seis por ciento, probando con esto que si experimentamos interrupciones que esperamos, podemos aprender a lidiar con ellas mejor. El grupo al que se le dijo que sería interrumpido y no lo fue mejoró un asombroso cuarenta y tres por ciento. Ellos incluso aventajaron al grupo que no tuvo interrupciones. Se concluyó que los participantes del grupo tres se adaptaron a las interrupciones y mejoraron cuando no experimentaron ninguna.

Un sociólogo de Stanford llamado Clifford Nass, quien dirigió una de las primeras pruebas sobre multitareas, señaló: «Aquellos que no pueden resistir la tentación de hacer dos cosas a la vez muestran "debilidad por la irrelevancia"». Algunos profesionales definitivamente piensan que los que son adictos a mandar mensajes de textos están sufriendo una pérdida de la capacidad mental. Imagino que no podemos saberlo con seguridad hasta que ellos son un poco mayores, pero para ese entonces puede ser demasiado tarde.

¿Cuál es la solución? Pienso que una vez más es el equilibrio lo que nos mantiene seguro. Demasiado de una cosa, incluso de algo bueno, siempre llega a ser un problema. Use la tecnología, pero no permita que esta dirija su vida, o posiblemente la arruine. Podemos necesitar realizar múltiples tareas ocasionalmente, pero no tenemos que vivir de esa forma. Algunas interrupciones forman parte de la vida de todos, pero podemos aprender a manejarlas mejor.

> *Use la tecnología, pero no permita que esta dirija su vida.*

3. Considere el costo antes de comprometerse

Comenzar un proyecto no siempre requiere mucho de nosotros, pero perseverar en él y terminarlo siempre demanda algo. Cualquiera puede tener una idea, pensamiento o plan con respecto a alguna cosa, pero solo los diligentes tendrán éxito (véase Proverbios 12:24).

El progreso siempre lleva tiempo y compromiso. Con frecuencia requiere más tiempo de lo que creíamos, y el costo el compromiso es mayor de lo que pensamos también, si es que acaso pensamos en esto en algún momento.

Muchos de nosotros comienzan cosas o se comprometen a ser parte de algo sin reflexionar mucho en ello. ¿Cuánto tiempo demorará? ¿A qué tendré que renunciar para hacerlo? ¿Cuál será el costo en dinero, tiempo y energía? ¿Qué beneficio obtendré de esto que amerite lo que tengo que invertir? Estas son buenas preguntas para formularnos y en las cuales pensar.

Una de las principales formas en que he aprendido a cómo invertir mi tiempo en el ministerio, y a cómo no hacerlo, es considerar si el fruto que obtendré será igual al esfuerzo que tendré que realizar. No sólo hago esto, sino que también lo hago en todo el ministerio.

Uno de los grandes errores que una organización o individuo pueden hacer es seguir haciendo algo que fue valioso alguna vez, pero ya no tiene valor. Examine lo que está haciendo regularmente y pregúntese si es algo que vale la pena hacerlo.

Haga un compromiso con Cristo

Creo que es acertado decir que una de las más grandes necesidades de la iglesia mundial hoy en día es hacer un mayor énfasis en el discipulado. Jesús invitó a las personas no meramente a venir a Él, sino a seguirlo y ser sus discípulos. A fin de ser un discípulo de alguien, nos disciplinamos a nosotros mismos para aprender su comportamiento y seguir su ejemplo.

Desde el momento en que las personas reciben a Jesús como su Salvador, habiendo hecho la decisión de convertirse en cristianos, es importante que las instruyamos con respecto a la necesidad del discipulado y les hagamos saber que se requerirá algún esfuerzo de su parte. Nuestras enseñanzas y sermones al pueblo de Dios deben incluir una gran cantidad de instrucciones sobre llegar a ser cada vez más como Jesús en todos nuestros comportamientos.

Jesús dijo que si queríamos seguirlo, necesitábamos estar dispuestos a perseverar y llevar nuestra cruz (véase Lucas 14:27). ¿Qué significa llevar nuestra cruz? En resumen, significa que podría costarnos algunas cosas a las que tal vez nos sería difícil renunciar. Cosas como la pérdida de la reputación o la amistad. También nos costará tiempo y esfuerzo, y necesitaremos estar dispuestos a aprender, aprender y aprender cada vez más. Ser un discípulo es mucho más que simplemente ir a la iglesia y tener el emblema de un pececito en su carro.

Al diablo no le importa cuánto usted vaya la iglesia siempre que no aprenda mucho sobre el discipulado. Él no quiere que las personas sean salvadas, pero si lo son, en realidad no desea que lleguen a ser como Jesús.

Jesús contó una historia con una lección para ayudar a aquellos que tenían la intención de seguirlo a entender lo que necesitaban hacer. Él dijo que si un hombre pensaba construir un edificio, debería primero calcular el costo a fin de ver si tenía los medios suficientes para terminarlo (véase Lucas 14:28).

Una de nuestras hijas y su esposo atravesaron una vez el proceso de comenzar a construir una nueva casa. Ellos pasaron al menos seis meses hablando y pensando sobre esto. Decidieron que, según opinaban, podían afrontar la construcción y buscaron un diseño apropiado. Hicieron averiguaciones para encontrar un buen constructor y comenzaron a escuchar opiniones de lo que podría costar terminar la vivienda. Como las personas a menudo descubren, el costo llegó a ser mucho más alto de lo que ellos tenían la intención de pagar. Así que tuvieron que decidir si querían construir su casa de la forma que habían planeado, hacerla más pequeña y no tan bonita como querían, o no construir en absoluto. Cuando acordaron que deseaban hacerla según lo habían planeado, tuvieron que decidir si podían, y estaban dispuestos, a cambiar otras cosas a fin de no hallarse bajo presión financiera debido a la construcción. Ellos hicieron todo esto antes de firmar los papeles comprometiéndose a construir la casa.

¡Ya sea que usted quiera construir una casa, perder peso, salir de las deudas, obtener un título universitario, limpiar el clóset o alguna otra cosa, considere el costo! Hágase las suficientes preguntas para ser realista sobre lo que esto requerirá. ¡De otro modo, podrá elaborar un plan y no perseverar hasta cumplirlo!

Resumen del capítulo

- El dominio propio es un fruto esencial del Espíritu que debe poseer a fin de disfrutar su vida.

- La mejor forma de erradicar un mal hábito es formando un hábito bueno.
- Actúe en lugar de postergar las cosas.
- Sea proactivo y haga arreglos que lo ayudarán a limitar las interrupciones.
- Debemos considerar el costo antes de hacer un compromiso.
- El equilibrio en la vida es importante. Demasiado de una cosa, incluso de algo bueno, siempre llega a ser un problema.
- Comenzar algo es fácil, terminarlo requiere perseverancia.

CAPÍTULO 12

Organización

Por cada minuto invertido organizando se gana una hora.

Autor desconocido

Antes de embarcarse en un proyecto, resulta importante organizar. Podemos tener un plan, un horario y estar determinados, pero si no nos organizamos antes de empezar, nos costará una gran cantidad de tiempo.

Benjamín Franklin dijo: «Un lugar para cada cosa y cada cosa en su lugar».[16] Cuando tengo entre manos un proyecto, lo cual para mí es usualmente escribir libros y preparar sermones, una vez que tengo una idea, quiero empezar a trabajar en ella justo en ese momento, pero aún estoy aprendiendo que emplear un tiempo en la organización puede ahorrarme tiempo después. Para mí, una de las cosas que resultan más importantes es reunir todos los recursos que probablemente usaré, de modo que no tenga que interrumpir mis pensamientos para levantarme y encontrar un libro que necesito como material de referencia.

Aquello que tengo la intención de usar debe estar organizado a mi alrededor y permanecer a la mano para que así no desperdicie tiempo buscando cosas que está fuera de mi alcance y, mientras intente hacerlo, derrame mi café o un montón de libros. Limpiar el desastre lleva más tiempo que el que habría gastado si hubiera organizado todo mejor antes de comenzar.

En ocasiones me he sentado en mi sillón reclinable a orar y estudiar, y he tenido que levantarme a buscar mis espejuelos, luego levantarme de nuevo a buscar la caja de pañuelos de papel, después para encontrar un bolígrafo, y más tarde me percato de que dejé mi teléfono en el baño del primer piso.

Entonces me siento en mi sillón y grito tan alto como puedo llamando a Dave, con la esperanza de que él pueda escucharme y me los alcance, pero en pocas ocasiones esto da resultado. Una vez que estoy acomodada en mi reclinable con una manta por encima, no tengo ningún interés en levantarme, pero mi desorganización demanda que lo haga de todas maneras. Piense en el tiempo y el estrés que podría haberme ahorrado solo dedicando unos pocos momentos a reunir todo lo que necesitaba antes de haberme sentado.

Si una mamá muy ocupada va a limpiar su casa, debe organizar los productos de limpieza y tenerlos a la mano. Me estaba hospedando en un condominio recientemente y una mujer fue enviada a limpiar. Me percaté de que ella tenía un carrito con todo lo que podría necesitar, y simplemente lo llevó consigo. Ella nunca tuvo que «encontrar» cosas antes de que pudiera hacer el trabajo que vino a hacer.

Podemos desperdiciar una gran cantidad de tiempo tratando de encontrar las cosas que necesitamos para un proyecto, pero aun más importante, cuando rompemos nuestra concentración, surge siempre la tentación de perder el enfoque y derrochamos más tiempo todavía.

Si un mecánico va a trabajar en un automóvil, necesita tener todas sus herramientas a la mano, y debe también mantenerlas en buenas condiciones. Existen incontables ejemplos como estos, pero la realidad es la misma: ¡la organización nos ahorra tiempo y la desorganización lo desperdicia!

> *¡La organización nos ahorra tiempo y la desorganización lo desperdicia!*

A las corporaciones les llamamos organizaciones. Muchas direcciones web muestran la bien conocida terminación *.org*. Estas direcciones pueden haber llegado a ser comunes para nosotros, pero tienen la intención de dar a entender algo. El mensaje es: «Tengo algo que ofrecer a través de mi corporación y estoy organizado y listo para proveerlo».

Siempre me he sentido intrigada por una escritura en la

Biblia que dice: «Porque los sueños vienen de la mucha tarea» (Eclesiastés 5:3, LBLA).

Alcanzar el éxito en la vida requiere una meta, un plan, determinación y organización. Uno puede empezar un negocio, pero ciertas disciplinas necesitan estar presentes para que este tenga éxito. Nosotros tenemos un ministerio exitoso y hemos alcanzado a personas que sufren alrededor del mundo, pero se requiere una enorme cantidad de organización para lograrlo. Así que hacemos planes, tenemos horarios, procedimientos y estructuras que nos conducen a alcanzar buenos resultados. Un sueño nunca se cumple por sí mismo. Su sueño puede convertirse en una pe-

> Su sueño puede convertirse en una pesadilla si usted no se percata de la necesidad del trabajo duro, el orden y la organización para verlo convertido en realidad.

sadilla si usted no se percata de la necesidad del trabajo duro, el orden y la organización para verlo convertido en realidad. He conocido a personas que se sienten extremadamente frustradas porque tienen una meta que no pueden alcanzar. Un examen detallado siempre revela que ellos tienen más «deseos» que «determinación». Es decir, aspiran a obtener buenos resultados al final, pero no quieren hacer el esfuerzo necesario para lograrlo.

Los sueños vienen de la mucha tarea y el esfuerzo doloroso. Un hogar no se construye solo con deseos, la buena crianza debe ser más que un deseo, y la buena salud requiere también más que un deseo. Comience con un sueño y luego añada las cosas que harán que este se haga realidad. Y la organización es una de esas cosas.

El desorden

Cuando el desorden en la casa o la oficina comienza a aumentar, nuestro estrés y frustración se acrecientan junto con este: ¡revistas apiladas sobre las mesas, demasiadas chucherías, una tasa de café sucia, exceso de basura y el polvo cubriéndolo todo! Hay un programa de televisión muy popular llamado *Hoarders* [Acaparadores]. Estas personas no pueden prescindir de nada, y con el tiempo sus casas se convierten en verdaderos desastres, así como también en lugares insalubres. Y no solo no pueden deshacerse de nada, también coleccionan y compran todo tipo de cosas, y muchas de ellas sin razón alguna excepto tenerlas.

Esta desorganización llega a tal punto que podría considerarse un problema psicológico que necesita ayuda profesional. Tales personas tienen que contratar a una compañía que venga a sus hogares e implante el orden una vez más al deshacerse de todo lo acumulado. La mayoría de nosotros nunca necesitaremos llegar a tal extremo para ser organizados, pero si alguien ha permitido que las cosas se les salgan de las manos y no pueden incluso ni imaginar qué hacer para corregirlas, buscar algún tipo de ayuda sería sabio.

Soy más dada a deshacerme de las cosas que se dañan o no uso en bastante tiempo, pero a Dave le gusta conservarlo todo. Él tiene una gran colección de maletas de diferentes tamaños, por ejemplo. Hace pocos días alguien me dio una hermosa vela que era bastante grande, y después de desempacarla, me dirigí al contenedor de la basura con la caja en que esta venía. Dave vio la caja y de inmediato decidió que era demasiado bonita para tirarla, así que la conservó.

En su defensa, permítame decirle que mi esposo es organizado con su colección, algo por lo que estoy muy contenta. Él mantiene sus cosas en estantes o gavetas, y mientras que estén fuera de mi vista, puedo lidiar con eso. Por supuesto, cuando necesitamos una maleta o una caja, él siempre me recuerda que si no la hubiera guardado, no la tendríamos en el momento en que la necesitamos.

Una vez escuché que el ochenta y cuatro por ciento de los estadounidenses que experimentan estrés con regularidad afirmaron que la desorganización en sus hogares era una de las causas subyacentes.

Ellos se preocupaban porque sus hogares no estaban lo

suficiente limpios y ordenados. La causa principal era el desorden.

El desorden me hace sentir confundida, así que me deshago de las cosas que no uso. Le recomiendo grandemente dar una mirada alrededor de su casa y librarse de todo aquello que está meramente ocupando un espacio, pero jamás utiliza. La mayoría de nosotros tiene recipientes plásticos con tapa para almacenar los alimentos. Los míos han llegado a un punto en que si abro el estante donde se guardan, comienzan a caerse. Las tapas no se hallan con el recipiente correcto, y mientras trato de encontrar el que necesito, comienzo a sentirme frustrada. Es tiempo de que los revise, me deshaga de los que rara vez uso, y ponga las tapas junto a los recipientes que le corresponden. Unos pocos momentos para organizar me ahorrará una gran cantidad de tiempo a largo plazo.

Mi hija hace poco me comentó que lucha con el desorden todo el tiempo. Ella tiene cuatro adolescentes que constantemente traen cosas a la casa, la dejan en cualquier lugar que les convenga, y luego se sienten frustrados cuando no saben dónde la pusieron.

Si tiene un hogar activo en el que viven varias personas, admito que la organización será mucho más difícil y que una «casa organizada» para usted lucirá diferente a la casa de alguien que viva solo o únicamente con su cónyuge. Sin embargo, todos necesitamos algún tipo de organización si tenemos la intención de lograr algo.

La mejor forma de mantener las cosas organizadas es implementando pequeñas rutinas diarias que con el tiempo resultarán en un ambiente mejor conservado. Resulta también sabio asegurarse de que todos en el hogar estén haciendo su parte. Muchos padres luchan con esto, pero lo mejor que se puede hacer es entrenar a los hijos cuando son jóvenes a arreglar sus desórdenes. Si usted hace todo por ellos cuando son pequeños, es muy probable que continúe haciéndolo mientras crecen.

Si piensa que ya es demasiado tarde, no se desanime. Nunca es demasiado tarde para un nuevo comienzo en algún ámbito de la vida. Aun si enfrenta algún problema, no lo agudice al continuar con el mismo mal hábito que lo causó en un inicio.

Nunca echará de menos la mayor parte de las cosas de que se deshaga a fin de ordenar su casa. Esto probablemente lo ayudará a disfrutar más lo que conserva. Me he dado cuenta de que si tengo demasiadas cosas sobre una mesa con el objetivo de decorarla, en realidad acabo sin disfrutar ningún objeto en particular que consideré adorable cuando lo compré. ¡Menos a menudo es mejor!

A veces nos resulta difícil deshacernos de cosas que las personas nos han dado. Incluso si no las usamos o no nos gustan, podemos sentirnos obligados a conservarlas. Después de todo, si la gente nos pregunta por ellas, no queremos decirle que ya no las tenemos. He tenido que asumir la postura de que si usted me regala algo, es mío para hacer con ello lo que me plazca, e incluso si me deshago del objeto, esa es mi decisión. Creo sinceramente que Dios provee algunas cosas para nosotros como «semillas para sembrar». Ellas llegan a nuestras manos a fin de que las pasemos a alguien más. Mi hijo David y yo a menudo nos reímos con respecto al obsequio que él me dio un año por Navidad y yo le regalé a él dos años más tarde. No lo hice a propósito, pero cuando lo recibí, supe que nunca lo usaría, así que fue a parar a lo que llamo mi «caja de obsequios». Habiendo olvidado quién me hizo el regalo, más tarde quise dárselo a él. Nos reímos mucho cuando me dijo: «¡Mamá, yo te obsequié esto a ti!».

Encuentre un plan o sistema que funcione para usted y elimine constantemente tanto como sea posible el exceso de cosas. Se asombrará del efecto tranquilizador que esto tiene en su medio ambiente. Pienso que el caos entorpece mi creatividad. Tal vez no tenga el mismo efecto sobre todos, pero es así para mí.

Desperdiciar el tiempo buscando lo
que no se puso en su sitio

Todos conocemos la frustración que sentimos al buscar las llaves de nuestro carro cuando es el momento de salir y no somos capaces de encontrarlas, o de buscar nuestro teléfono y tener que pedirle a alguien que nos llame para poder localizarlo. Si no hay nadie más en casa, tenemos que resolver la situación por nuestra cuenta, y si usted es como yo, con frecuencia encontrará las cosas en los lugares más extraños. He dejado mi teléfono junto a mi maquillaje y cerrado la gaveta. Lo he dejado en el estante del calzado mientras escojo los zapatos que usaré ese día. Incluso lo he tenido en mi mano mientras recorro frenética la casa tratando de encontrarlo. El consejo de Benjamin Franklin de que todo tiene un lugar y de poner cada cosa en su lugar es muy bueno.

Con el objeto de lograrlo, tenemos que reducir el paso. La velocidad a la que vivimos es la principal razón de por qué no nos tomamos el tiempo para poner cada cosa en su sitio.

La organización requiere reflexión, y esta requiere tiempo. Una vez que estamos demasiado ocupados para pensar de una manera organizada, con seguridad nos hallamos en camino de tener problemas al final.

Gran parte de nuestro problema está en tener un horario tan ocupado que acaba con nuestra sensatez. ¡En nuestra sociedad moderna, la mayoría de nosotros estamos demasiado ocupados y tenemos demasiadas cosas! Muchos tenemos más ropa que no nos ponemos en nuestro armario que aquella que sí usamos. Seamos honestos: ¿cuántos pares de zapatos tiene y cuáles usa en realidad? Yo comencé a contar los míos para darle un ejemplo, pero decidí que podría ser bastante traumático.

¿Cuántos pares de aretes tiene y cuántos de ellos quizás nunca se ha puesto? ¡Hace poco estuve revisando mis alacenas, incluso la vitrina china, y encontré hermosos platos y fuentes que ni recordaba que tenía! Estoy intentando comprometerme a usar las cosas si las voy a conservar.

La Palabra de Dios nos urge a ser prudentes (véase Proverbios 13:16). La prudencia implica una buena administración de nuestros recursos. Debemos usar las cosas que poseemos, pues si no las estamos desperdiciando. Hay alguien en algún lugar que podría usar lo que simplemente está llenándose de polvo en nuestras casas, así que regalémosles esas cosas a otros.

Los beneficios para la salud de ser organizados

En cierta ocasión leí un artículo que hablaba sobre los beneficios para la salud de ser organizados. He aquí algunas de las cosas que aprendí:

1. La organización reduce el estrés financiero

El estrés excesivo siempre tienen un efecto adverso sobre nuestra salud y debe evitarse. El estrés financiero es uno de los tipos de estrés que tienen un costo para nosotros. Si debido a la falta de organización usted pierde una factura, tiene que pagar una tarifa por un pago tardío, y si necesita volver a comprar artículos que no puede encontrar, los gastos aumentan rápidamente. El estrés financiero es una de las principales causas de los problemas matrimoniales. La Biblia afirma que el hombre sabio conoce el estado de sus rebaños. Para nosotros esto significa que conoce cuánto dinero tiene y qué uso le está dando. Él sabe cuándo se vencen sus facturas y las paga por adelantado o en tiempo. Solo piense en el estrés que usted siente cuando olvida pagar la factura de una tarjeta de crédito y ahora se da cuenta de que le han añadido setenta y cinco dólares de intereses que se habría evitado si hubiera sido más organizado.

¿Qué tal si una persona no planea bien para el pago de los impuestos anuales que se aproxima? Algunos quieren conservar la mayor cantidad de dinero posible de sus salarios, así que no tienen suficientes impuestos deducidos a través del año. Otros trabajan por cuenta propia y tienen la responsabilidad de asegurarse de apartar lo suficiente de sus ganancias a fin de pagar sus impuestos. Sin embargo, muchos no lo hacen, y cuando llega el final del año, entran en pánico y el nivel de estrés es alto. No son los impuestos los que causan su angustia, sino su mala planificación y la falta de organización son las culpables. Una mayor organización siempre equivale a menos estrés.

> *Una mayor organización siempre equivale a menos estrés.*

2. La organización minimiza los conflictos personales

Si las relaciones se ven afectadas por discusiones en cuanto a artículos extraviados, citas perdidas, facturas que no se pagaron a tiempo, tareas olvidadas y desórdenes, esto puede causar serios problemas en el matrimonio. Este es el caso en especial si una persona organizada se casa con otra en extremo desorganizada. Alguien organizado puede ser demasiado rígido en sus expectativas y tal vez necesite modificarlas, pero una persona desorganizada es capaz de causar mucha frustración y tendrá que encontrar formas de mejorar. En realidad conozco a una pareja que terminó divorciándose debido a los constantes conflictos que causaba una situación similar.

No se puede confiar en alguien desorganizado para que cumpla las tareas, y la confianza se va erosionando en un matrimonio cuando esto sucede. Necesitamos ser capaces de poder contar con aquellos con los que tenemos una relación.

3. La organización incrementa «mi» tiempo

Cuando somos organizados, esto nos deja tiempo para hacer las cosas que en realidad disfrutamos. Como ejercitarnos (sí, a algunas personas en verdad les gusta) o asistir a una clase de pintura o lectura. Sin embargo, si nunca tenemos tiempo para esas cosas, terminaremos sintiéndonos en desventaja, y esto produce resentimiento. Si esos sentimientos están presentes por largo tiempo, al final crearán malas actitudes y problemas.

Estamos supuestos a vivir vidas bien equilibradas, pero eso no es posible sin tener buenas habilidades organizacionales.

4. La organización nos ayuda a disfrutar de una dieta mejor

Muchas personas tienen muy malos hábitos alimenticios y afirman que no tienen el tiempo suficiente para preparar comidas saludables. Ingieren una gran cantidad de comida rápida o congelada que carece de los nutrientes necesarios. Ellas incluso no tienen tiempo para comprar y tomar vitaminas. ¿Sería posible que un poco más de organización pudiera darnos tiempo para ser saludables? Pienso que es posible por completo, y considero que comer bien debe ser una prioridad importante.

Lo exhorto a que ore y encuentre una forma de ser organizado. No desperdicie su tiempo sintiéndose frustrado por un problema que puede solucionar si elige hacerlo. No malgaste la única vida que tiene sin hacer las cosas que considera importante. ¡Haga cualquier cambio que necesite hacer, reclame su vida y sea la persona que aspira a ser!

Resumen del capítulo

- Organizarse antes de comenzar un proyecto le ahorrará tiempo a largo plazo.
- Alcanzar el éxito en la vida requiere una meta, un plan, determinación y organización.
- La mejor forma de mantener las cosas organizadas es implementando pequeñas rutinas diarias que con el tiempo resultarán en un ambiente mejor conservado.
- El caos entorpece la creatividad.

- Nunca es demasiado tarde para un nuevo comienzo en algún ámbito de la vida.
- ¡La organización alivia el estrés!

CAPÍTULO 13

¿Cuál es su razón de vivir?

Más hombres fracasan debido a la falta de propósito
que a la falta de talento.

Billy Sunday

Ya he dicho antes que debemos usar nuestro libre albedrío
para elegir hacer la voluntad de Dios. Parte de su intención para nosotros es que vivamos «a propósito» por un
propósito. Muchas personas se sienten inútiles y desperdician su tiempo preguntándose para qué están en la tierra.
«¿Quién soy? ¿Para qué estoy aquí?», es el clamor de muchos corazones.

¡Usted está aquí porque Dios quiere! Es muy importante
para Él y encaja en sus propósitos. Usted no es un accidente.
Ha sido diseñado personalmente por la mano del Creador y
se le han dado habilidades que debe usar al servicio de Dios
y los seres humanos.

Uno de nuestros fracasos es compararnos a nosotros
mismos, y lo que podemos hacer o no, con otras personas.
Esto es un terrible error. ¡Dios nunca lo ayudará a ser nadie
más que usted mismo! Pienso que la aceptación personal
resulta vital si intentamos avanzar y descubrir nuestro propósito en la vida. Además de amar a Dios, tener comunión
con Él, y convertirnos en discípulos de Jesús que están
siendo moldeados a su imagen, cada uno de nosotros tiene
una parte que desempeñar en el plan de Dios para la redención de la humanidad.

¡Así que conózcase y aprenda a apreciarse! Cada día que
usted se ponga en su contra es otro día desperdiciado. Es
importante que sea capaz de decir: «¡Me agrado y me amo
a mí mismo con el amor de Dios!». Hacer cualquier otra
cosa que eso significa ofender al Señor. Una vez escuché a

un pastor decirle a una mujer que había asegurado que se odiaba a sí misma: «¿Quién usted se piensa que es? Si Dios la amó lo suficiente para enviar a su Hijo a morir por usted, con seguridad que puede dejar de odiarse a sí misma y llegar a ser útil para Dios». Solo porque yo no pueda ser lo que me hubiera gustado eso no significa que no soy exactamente lo que Dios quiere que sea. Tal vez no me estoy comportando exactamente de la forma que a Él le gustaría, pero nuestra conducta mejora a medida que leemos la Palabra de Dios y desarrollamos una relación estrecha con Él. ¡Dios nos ama mientras estamos cambiando justo tanto como nos ama una vez que hemos cambiado!

> ¡Dios nos ama mientras estamos cambiando justo tanto como nos ama una vez que hemos cambiado!

Hasta que no alcancemos una comprensión profunda del amor de Dios por nosotros y de la posición que tenemos ante Él por medio de la fe en Jesús, nunca disfrutaremos de un mejoramiento en nuestra conducta. Dios lo acepta y nunca lo rechazará.

Me hubiera gustado haber sido capaz de cantar como algunas personas lo hacen, o de tocar un instrumento musical o pintar, pero Dios no me dio esos dones, así que obviamente no estoy supuesta a ser cantante, músico o pintora. ¡Desperdiciar su tiempo intentando ser alguien que no es y nunca será resulta inútil! La Palabra de Dios nos enseña que es mejor disfrutar lo que está disponible para nosotros que vivir con anhelos y deseos que pasan (véase Eclesiastés 6:9).

Una de las mejores maneras en que usted puede dejar de desperdiciar el tiempo es aceptándose como Dios lo ha creado en este mismo momento. Nunca pelee contra sí mismo de nuevo. Diga: «Soy quien soy y no puedo hacer nada que Dios no haya diseñado para mí, pero *puedo* hacer todo lo que Él se ha propuesto que haga. Me acepto a mí mismo como una creación de Dios. Él me ama y tiene un propósito para mi vida». Incluso si no sabe aún cuál es su propósito, esto lo ayudará hacer progresos para descubrirlo.

Relájese y sepa que debido a que está vivo, usted tiene un propósito. Creo que Dios nos usará a diario si se lo pedimos. Hay muchas cosas que Él hace a través de nosotros y nunca nos percatamos de que suceden. Hace poco me encontraba en el supermercado y una mujer me reconoció y se le aguaron los ojos. Ella me dijo: «Hoy es mi cumpleaños y encontrarme con usted es mi regalo de parte de Dios». ¡Me encontraba en el supermercado comprando algunas provisiones y Dios me usó para bendecir a alguien! Me pregunto cuántas veces Él lo habrá usado de alguna manera y usted solo no lo reconoció por lo que fue.

Podemos decirle a alguien un simple cumplido sin estar consciente de lo mucho que la persona lo necesita. Usted puede sonreírle a una dama y hacerla sentir muy confortada, ya que precisamente ha estado atravesando una prueba difícil. Esa persona recibe aliento, y por nuestra parte cumplimos el propósito de Dios para nosotros en ese momento. Se perderá el propósito de Dios para su vida si solo busca realizar acciones importantes que cambien el mundo, o acciones que causen que todos lo aplaudan y vitoreen. Dios usa las cosas pequeñas tanto como las grandes, y a veces las usa mucho más. Siempre recuerde que lo que parece pequeño e insignificante para nosotros puede ser un suceso que transforme la vida de otra persona.

Temporadas de la vida

Aun cuando buscamos a Dios para lograr una mejor comprensión de su voluntad para nosotros, es posible que no tengamos un plan de acción para el resto de nuestra vida. No obstante, si verdaderamente queremos hacer la voluntad de Dios, podemos confiar en que Él nos guiará un día a la vez. Tuve muchos empleos antes de concebir el más mínimo pensamiento de que podría enseñar la Palabra de Dios. Cada uno de esos trabajos fueron adecuados en su momento, porque aún no era tiempo de que hiciera lo que

Dios en última instancia tenía en mente para mí. Dios puede pasarse la primera mitad de nuestra vida preparándonos para la segunda mitad.

Moisés fue llamado a liberar a los israelitas de la servidumbre y la esclavitud en Egipto, pero por cuarenta años se educó en el palacio del Faraón y por otros cuarenta años vivió en el desierto pastoreando ovejas, y entonces Dios se le apareció y le dio instrucciones específicas. Los primeros ochenta años de su vida sirvieron de preparación para el resto de ella.

La Biblia declara en Eclesiastés 3:1 que «todo tiene su tiempo, y todo lo que se quiere debajo del cielo tiene su hora». Podemos observar las etapas de la vida de Moisés y considerar que algunas de ellas pueden haber parecido inútiles, pero no lo fueron. Durante todo el tiempo que Moisés vivió en Egipto y el desierto se estaba convirtiendo en el hombre que Dios necesitaba que fuera.

Nuestros hijos adultos juegan un papel vital en el Ministerio Joyce Meyer. Tuve que criarlos antes de que pudieran hacer eso, así que Dios no nos dio el ministerio hasta que tres de ellos fueron adolescentes y solo tuviéramos un bebé en ese tiempo. Mientras el ministerio se desarrollaba y nuestros hijos crecían hasta alcanzar la adultez, el propósito de Dios para todos nosotros se hizo evidente. Yo tenía cuarenta y dos años cuando se fundó el Ministerio Joyce Meyer. Antes de eso, no hubiera estado lista para la responsabilidad que asumiría.

No menosprecie el lugar donde se encuentra ahora o se sienta confundido con respecto a este. La Biblia dice: «No menosprecien estos modestos comienzos» (Zacarías 4:10, NTV). Ore y pídale a Dios que lo guíe hacia su propósito para su vida y luego florezca en cada lugar en el que ha sido plantado. Permita que la experiencia que gane ahora lo eduque para el próximo lugar al que Dios lo guíe. Algunas personas se sienten tan frustradas en lo que respecta a encontrar su propósito en la vida, que sin importar dónde

se encuentran o lo que están haciendo son desdichadas.
¡Disfrute donde está camino a donde va!

Esté dispuesto a que Dios lo use en cualquier momento
y para cualquier tarea. No importa si es el presidente de
la compañía o un limpiador de ventanas mientras que esté
cumpliendo la voluntad de Dios para el momento presente.

Viva por algo más que el dinero y la fama

Muchas personas desperdician su tiempo buscando dinero,
poder y fama, e incluso si tienen éxito, no se siente plenas y
satisfechas. Todo lo que necesita hacer es leer las biografías
de individuos ricos y famosos, y rápidamente descubrirá que
muy, muy pocos de ellos vivieron una vida en realidad feliz.

Pienso que la razón por la que muchos buscan estas
cosas es que son inseguros y desean sentirse importantes.
No comprenden en verdad que ya son importantes y valiosos porque Dios los ama y tiene un propósito para ellos,
él cual planeó y desea para sus vidas. Lo que estas personas
están buscando no puede comprarse o ganarse en una cere-
monia de premiación. ¡Esto solo puede venir de Dios!

¡Una persona que tenga una confianza verdadera en sí
misma no tiene que probar nada! Alguien puede disfrutar
de fama y fortuna, pero su valía
no se basa en eso. A pesar de que
es bueno tener fama y fortuna, si
un individuo no las posee, aun
así podría encontrar la forma de
vivir su vida con propósito y placer.

> ¡Una persona que tenga
> una confianza verdadera
> en sí misma no tiene
> que probar nada!

Cuando se trata de vivir una vida con la que pueda estar
satisfecho y que lo haga sentir realizado, el dinero y la fama
solos no pueden proveerla. La sabiduría se encuentra en
conocer que usted no está trabajando únicamente por las
cosas terrenales, sino acumulando tesoros en el cielo. La sabiduría nos enseña a «contar nuestros días», recordándonos
que esta vida en la tierra es corta y ahora es el momento

de seguir a Dios. Ahora es el momento de ajustar nuestras prioridades de tal forma que dediquemos nuestra energía a las cosas que en realidad importan.

Se dice que Salomón ha sido la persona más sabia que ha vivido por siempre. Cuando él oró por sabiduría, le pidió a Dios que lo ayudara a discernir entre el bien y el mal. Cuando nosotros oramos por sabiduría, lo estamos haciendo a fin de que Dios nos muestre la mejor opción—según su criterio—para nuestras vidas. El dinero y la fama son fugaces. La estructura financiera del mundo puede colapsar en un día. En 1929, el mercado bursátil sufrió una crisis y de un momento a otro los Estados Unidos se encontraron en una depresión. En el año 2008, el mercado bursátil cayó casi siete mil puntos en un día y de repente las acciones en las que las personas habían invertido valían la mitad del costo que tenían cuando se levantaron esa mañana.

> *Las riquezas desaparecen en un abrir y cerrar de ojos, porque les saldrán alas y se irán volando como las águilas.*
>
> Proverbios 23:5 (NTV)

Si vivimos solo por el dinero—si el dinero es nuestra seguridad—entonces ese tipo de noticias puede resultar muy aterradora. Disfrute el dinero que tienen y utilícelo para ayudar a otros, pero no permita que este sea la fuente de su confianza.

¿Y qué hay de la fama? Incluso si el mundo entero nos conoce y admira, la historia muestra que puede olvidarnos rápidamente. La mayoría de la personas se deja llevar por el entusiasmo en lo que respecta a cualquier individuo que sea muy popular en determinado momento. Cualquiera puede volverse famoso por alguna razón solo por un tiempo, y entonces llega alguien mejor y de repente el mundo no se ocupa más de nosotros.

Dave mira una gran cantidad de eventos deportivos, y siempre está diciéndome quién es el campeón del mundo o quién es el mejor a nivel internacional en un deporte u otro. Sin embargo, los nombres cambian con regularidad. Una persona tiene su temporada de fama, y luego esta se desvanece mientras alguien más ocupa su lugar. Él me comentó que alguien había establecido un récord en el golf, y unos pocos días más tarde me dijo que alguien había impuesto un nuevo récord en el béisbol. La gente está estableciendo siempre nuevos récords que superan a los anteriores, ¡así que resulta poco sabio vivir nuestra vida motivados por la fama, la cual ha demostrado históricamente que es efímera!

Permítame aclarar una vez más que tener fama y dinero no es algo malo, pero no tienen que ser las razones por las cuales vivimos. Haríamos mejor si deseáramos ser útiles en la vida en lugar de ricos y famosos.

> *Haríamos mejor si deseáramos ser útiles en la vida en lugar de ricos y famosos.*

El propósito de la vida no es ser feliz. Es ser útil, ser honorables, ser compasivo, tener este propósito produce la diferencia de haber vivido y vivido bien.

Ralph Waldo Emerson[17]

Una vez que descubrimos nuestro don o talento, lo próximo que necesitamos hacer es darlo. Use sus recursos en el servicio de Dios y los seres humanos (véase Génesis 1:28). Erróneamente pensamos que obtener algo nos satisface a nosotros, pero es exactamente lo opuesto. Cuando nos relacionamos con otras personas para darles algo, solo estamos cumpliendo nuestro propósito y viviendo por las cosas correctas. Lo exhorto a que deposite en la vida de otros con regularidad, porque si solo toma de la gente para sí, pronto estará en bancarrota en todos los sentidos. ¡Viva «a propósito» por un propósito!

Peter Drucker dijo: «No hay nada tan inútil que hacer de manera eficiente lo que no debería hacerse en absoluto».

¿Está usted viviendo para producir un impacto positivo? ¿Desea que el mundo lo extrañe cuando se haya ido?

¿Cómo quiere ser recordado? Las decisiones que haga ahora determinarán cuáles serán las respuestas a estas preguntas.

John W. Gardner, presidente y fundador de Common Cause [Causa común], señaló: «Es un privilegio raro y grande ayudar a las personas a comprender la diferencia que pueden lograr, no solo en sus vidas, sino también en las vidas de otros, simplemente al dar de sí mismas».[18]

Gardner cuenta de un alegre anciano que le hizo la misma pregunta a casi cada persona conocida con la que entabló una conversación: «¿Qué cosas ha hecho en las cuales cree y lo hacen sentir orgulloso?».

Él nunca formuló la pregunta convencional: «¿A qué se dedica para ganarse la vida?». Siempre inquirió: «¿Qué cosas ha hecho en las cuales cree y lo hacen sentir orgulloso?».

Esta fue una pregunta inquietante para las personas que habían edificado su autoestima basándose en sus riquezas, el nombre de su familia o su elevado cargo.

Se sintió muy complacido con una mujer que le respondió: «Estoy haciendo un buen trabajo criando a tres hijos», y con un ebanista que le dijo: «Creo en hacer una buena labor y lo pongo en práctica», y también con otra mujer que le comentó: «He abierto una librería y es la mejor librería en todos los alrededores».

«En realidad no me importaba cómo respondieran», dijo el anciano. «Solo quería poner ese pensamiento en sus mentes. Ellos deben vivir sus vidas de una forma que les permita dar una buena respuesta. No una buena respuesta para mí, sino para sí mismos. Eso es lo importante».

El motivo por el que escribí este libro fue en parte para ayudarlo a hacer decisiones de las que pueda sentirse orgulloso. Nada es peor que levantarse cada día, avanzar con desánimo a través de este, y luego ir a la cama en la noche con un sentimiento de vacío y frustración, pensando que hemos desperdiciado otro día y sin tener en verdad idea de cuál es nuestra razón de vivir.

Nada resulta más perturbador que ver a alguien

desperdiciar su vida. Yo lo sé, ya que observé a mi padre, madre y hermano malgastar sus vidas de un modo diferente. Ellos parecían estar atrapados en un lugar que los cegaba a la realidad de cuán vacías sus vidas eran. Nunca comprendieron la verdad con respecto a la vida asombrosa que hubieran disfrutado con Dios. Creyeron en Dios y aceptaron a Cristo antes de morir, pero murieron sin haber vivido nunca en realidad

Hice lo que pude para urgirlos a hacer elecciones diferentes, pero esto no sirvió. Y al final comprendí que cada persona debe decidir por sí misma lo que quiere hacer con la única vida que tiene. Nadie puede obligarnos a hacer lo correcto. Ni siquiera Dios nos forzará. ¡Él nos da la oportunidad, pero debemos escogerla!

Pienso que las únicas personas que realmente recordamos en la vida son aquellas que usaron sus vidas para ayudar o bendecir a otros de alguna manera. Dudo que podamos encontrar alguna razón en verdad importante para vivir solo para nosotros mismos. Si no empleamos nuestra vida a fin de hacer que la de alguien más sea mejor, entonces no estamos viviendo en realidad. Por lo tanto, permítame preguntarle una vez más: *¿Cuál es su razón de vivir?*

> *Si no empleamos nuestra vida para hacer que la de alguien más sea mejor, entonces no estamos viviendo en realidad.*

Resumen del capítulo

- Dios quiere que usted viva «a propósito» por un propósito.
- La aceptación personal resulta vital si intentamos descubrir nuestro propósito en la vida.
- Dios lo acepta y nunca lo rechazará.
- Lo que parece pequeño e insignificante para nosotros puede ser un suceso que transforme la vida de otra persona.

- Disfrute donde está camino a donde va.
- Usted solo cumple en verdad su propósito cuando se relaciona con otras personas para ayudarlas de alguna manera.
- Cada persona debe decidir por sí misma lo que quiere hacer con la única vida que tiene.

CAPÍTULO 14

Cómo ser una persona que vive «a propósito»

Jesús es el mejor ejemplo de una persona que vive «a propósito». Él vino con un propósito. Y se propuso cumplirlo. Solo considere este pasaje del libro de Lucas:

> *Cuando ya era de día, salió y se fue a un lugar desierto; y la gente le buscaba, y llegando a donde estaba, le detenían para que no se fuera de ellos. Pero él les dijo: Es necesario que también a otras ciudades anuncie el evangelio del reino de Dios; porque para esto he sido enviado.*
>
> Lucas 4:42–43

Jesús había estado visitando y predicando en Capernaum, y llegó el momento de que se fuera a otro lugar, pero el pueblo trató de impedir que se marchara. Su respuesta fue informarles que tenía un propósito que cumplir. Algunas personas bien intencionadas que se preocupan por nosotros a menudo intentan evitar que cumplamos nuestro propósito en la vida. Sus planes están de acuerdo con lo que es mejor para nosotros, pero rara vez se corresponden con el plan de Dios.

Jesús vino a enseñar el evangelio, a pagar por nuestros pegados con su sufrimiento y muerte (véase Hebreos 9:26), a destruir las obras del diablo (véase 1 Juan 3:8), a darnos un ejemplo por el cual vivir (1 Pedro 2:21), a ser un modelo de servicio (Marcos 10:45) y a cumplir la ley (Mateo 5:17–18), entre otras cosas.

Jesús pasó cuarenta días en el desierto siendo tentado por el diablo, quien trataba incansablemente de alejar al Señor de su propósito divino (véase Lucas 4:1–13). Afortunadamente, Jesús estaba determinado a cumplir la voluntad de Dios.

En otro momento, Pedro trató de impedir el propósito de Jesús al decirle que no debía ir a Jerusalén a sufrir a manos de los judíos. Jesús de inmediato confrontó a Pedro y le dijo que quería hacerlo tropezar. Él exclamó: «¡Quítate de delante de mí, Satanás!» (véase Mateo 16:23). ¡Vaya! ¡Hablando de lidiar con la tentación de forma directa! Jesús sabía que Satanás estaba usando a Pedro para intentar apartarlo de la voluntad y el propósito de Dios, pero Él estaba determinado a que esto no sucediera.

El apóstol Pablo experimentó el mismo tipo de oposición, y aseguró que si hubiera estado intentando agradar a las personas, no se hubiera convertido en un apóstol de Jesucristo (véase Gálatas 1:10). Sé con certeza que si yo hubiera intentado agradar a las personas, no fuera una ministra hoy. No estaría escribiendo este libro justo ahora. Probablemente me sentiría frustrada e insatisfecha, preguntándome por qué no podría encontrar felicidad y paz. La mayoría de las personas no tienen idea del precio que pagarán si viven para complacer a las personas en lugar de a Dios.

Es evidente en las Escrituras que en medio de la oposición debemos determinar si elegiremos agradar a Dios o a los demás mientras avanzamos a través de la vida. Si tomamos la decisión correcta ahora, nos evitaremos vivir lamentándonos más tarde.

Listos para el cambio

Los hombres que siguieron a Jesús tenían todos carreras y estaban ocupados, pero el Señor les dijo: «Síganme», y ellos de inmediato dejaron lo que hacían y fueron en pos de Él.

¿Qué tal si ellos no hubieran escuchado a su corazón y en cambio se hubiesen apoyado en su propio razonamiento? Se habrían perdido ser parte del más grande milagro del mundo. ¡No deje pasar su momento! ¡No se pierda su milagro!

Ellos no preguntaron cuánto sería la paga, o dónde podrían dormir, o cómo sería la jornada de trabajo. Al igual que Abraham cuando Dios lo llamó, fueron sin ninguna inquietud en sus mentes acerca de a dónde podrían ir. Abraham constituye un buen ejemplo de cómo debemos responder al llamado de Dios:

> *Por la fe Abraham, siendo llamado, obedeció para salir al lugar que había de recibir como herencia; y salió sin saber a dónde iba.*
>
> Hebreos 11:8

¡Todos estos hombres corrieron riesgos! Si no estamos dispuestos a arriesgar lo que poseemos ahora, nunca descubriremos lo que podríamos tener. No estoy sugiriendo que hagamos cosas tontas, pero si en realidad pensamos en lo que esos hombres hicieron, seguramente le deben haber parecido tontos a una persona que piensa y razona. Sin embargo, ellos fueron impulsados por la fe, y la fe nos llevará a lugares a los que la razón no nos permitirá ir. Vivir por fe requiere que demos un paso sin saber siempre con seguridad lo que va a suceder.

> Si no estamos dispuestos a arriesgar lo que poseemos ahora, nunca descubriremos lo que podríamos tener.

Me encontraba ocupada siendo una ama de casa y mamá cuando Dios me llamó a enseñar su Palabra. En realidad, estaba arreglando mi cama. Desde ese momento perseguí ese propósito con pasión. He tenido que correr muchos riesgos, y se han requerido sacrificios a lo largo del camino, pero estoy agradecida de haber hecho la decisión correcta. A menos que cumplamos nuestro propósito ordenado por Dios, siempre estaremos buscando algo y nunca lo obtendremos. Terminaremos sintiéndonos vacíos y frustrados, pero no tiene que ser de esa forma.

La fe puede requerir que renunciemos a algunas cosas. Muchas personas sienten temor de dejar lo que consideran seguro… ¡pero con Dios podemos estar seguros en medio del riesgo! Siempre que Él esté guiando nuestros pasos, no correremos ningún peligro.

Búsqueda apasionada

Apasionarse significa sentirse impulsado a hacer algo por unos sentimientos fuertes e intensos. Ya he mencionado que he perseguido con pasión un propósito principal. Sin embargo, para sentir pasión debemos disfrutar lo que hacemos. Yo quiero hacer lo que hago; es algo que amo y no me puedo imaginar haciendo otra cosa. Sugiero que se pregunte qué le gusta hacer, qué disfruta y qué lo hace sentirse vivo. Resulta difícil dedicar nuestras vidas a algo a menos que sintamos pasión por ello.

No creo que un Dios amoroso permitiera que hiciera toda mi vida una cosa que no me gusta hacer. Algunas personas pueden dedicarse a ciertas carreras porque son bien remuneradas, no obstante, son desdichadas toda su vida. ¡Puedo asegurarle que el dinero no es tan importante como el gozo y el disfrute! ¡Haga algo que le regocije! Esto no significa que viva de forma egoísta. Tampoco que confunda el verdadero gozo con el entretenimiento.

Otra cosa que debe preguntarse cuando está buscando su propósito en la vida es: *¿En qué soy bueno?* Dios quiere que tenga éxito, pero no lo tendrá si está intentando hacer algo para lo que no está capacitado. Yo soy buena hablando. Soy una comunicadora talentosa y eso me hace sentir cómoda mientras cumplo mi propósito.

Si le gusta cocinar, tal vez deba tener su propio restaurante o un negocio de comida a domicilio. O quizás podría cocinar solo para sus familiares y amigos. Si le gusta hornear, tal vez debería montar una panadería. Conozco a una mujer a la que le encanta limpiar casas, ¡y ella es bienvenida a venir y limpiar la mía en cualquier momento que está buscando algo placentero que hacer!

Me entristece ver a las personas ir a través de la vida

sintiéndose desdichadas debido a que no les gusta lo que hacen. No tenga miedo de hacer un cambio, o de correr un riesgo. Usted nunca sabrá lo que podrá encontrar del otro lado de lo que considera «seguro». Encuentre algo con lo que pueda comprometerse y hágalo con todo su corazón.

La pasión nos mantiene avanzando aun en aquellas ocasiones en que deseamos rendirnos. Construir algo requiere una gran cantidad de coraje y sacrificio, y hay veces en que nos preguntamos si vale la pena. Si sentimos verdadera pasión, no podremos renunciar incluso cuando esto sea lo que queremos hacer. La pasión nos conduce a atravesar la línea de llegada en nuestra carrera en la vida.

> *La pasión nos mantiene avanzando aun en aquellas ocasiones en que deseamos rendirnos.*

Usted diría que una mamá osa se muestra apasionada en lo que respecta a mantener a sus cachorros seguros, de modo que se convierte en una fiera cuando alguien intenta separarlos de ella o lastimarlos de algún modo. La pasión nos hacer ser fieros en el espíritu. Nos da una determinación que no todos comprenden. Cuando sentimos una pasión santa, nos negamos a permitir que nos roben nuestro destino.

El diccionario Merriam-Webster, en una de sus acepciones, describe el término *pasión* como el sufrimiento que Cristo soportó entre la noche de la Última Cena y su muerte.[19] ¡Vaya! ¡Qué pensamiento este! La pasión significa que estamos dispuestos a sufrir a fin de cumplir nuestro propósito. Jesús sufrió, y nosotros recibimos todos los beneficios…algo que le proporciona al Señor un gozo continuo. Puedo decir con certeza que si cada uno de nosotros cumple el propósito para el cual estamos aquí, experimentaremos gozo, y alguien más se beneficiará grandemente de nuestras elecciones en la vida.

Entusiasmo

La pasión es entusiasta, creativa y viva... ¡es activa! El entusiasmo no surge porque sí, sino que es el resultado de ser activo en algo. Yo no siento entusiasmo en el preciso momento que me levanto, así que tengo que animarme a mí misma. La idea principal de ser una persona que vive «a propósito» es que no vivimos guiados por los sentimientos, sino que hacemos decisiones que sabemos que darán buenos resultados, e invitamos a nuestros sentimientos a aceptarlas si quieren. La mayoría de los días mis sentimientos están de acuerdo conmigo y me acompañan, pero hay ocasiones en que no lo hacen. Estos son días de pruebas en los cuales crecemos espiritualmente y desarrollamos nuestro carácter.

Me despierto en la mañana y, la mayor parte de las veces, antes de salir de la cama declaro que algo bueno me va a suceder y algo bueno va a ocurrir a través de mí durante ese día. Oro y espero que mi jornada resulte bendecida. Y le pido a Dios que me dé energía, entusiasmo, fervor y pasión... ¡y entonces me levanto!

No comience su día sintiéndose culpable por los errores y fracasos de ayer. Reciba la misericordia y el perdón de Dios y espere que sucedan cosas buenas para usted y por medio de usted. Si se siente mal consigo mismo, esto drenará su energía y no lo ayudará a aprovechar su día y hacer que valga la pena.

Es importante que comience su día de la manera correcta, y asegurarse de no tener una mala actitud hacia sí mismo es una forma de lograrlo. La forma en que nos sentimos con respecto a nosotros mismos afecta nuestras acciones. Si nos menospreciamos y nos sentimos inútiles, esto afectará la manera en que interactuamos con otras personas. El hecho de que Jesús murió por usted le confiere una importancia y un valor infinitos. Crea que es importante para el plan de Dios y sentirá más entusiasmo al enfrentar el día.

En las ocasiones que comienzo mi día de esta forma, me

siento muy entusiasmada para dar los primeros pasos. Esta es una parte importante de mi día «a propósito». Paso tiempo con Dios porque sé que el día no irá bien si no lo hago, pero mayormente debido a que lo amo y quiero estar con Él. Durante ese tiempo a menudo pienso en lo que necesito o quiero lograr ese día... ¡y entonces comienzo!

Usted pudiera estar pensando que todo lo que necesita hacer hoy es limpiar la casa o realizar otra labor sin importancia, y que con seguridad no se sentirá entusiasmado con la tarea, ¡pero en realidad sí puede estarlo! Si comienza su día de la manera correcta, se sorprenderá de cuantas cosas puede disfrutar y hacer con buena disposición.

¡Una mente positiva conduce a una vida entusiasta y enérgica!

¡Una mente positiva conduce a una vida entusiasta y enérgica!

No desperdicie el día de hoy

¡Lo reto a que no desperdicie el día de hoy! Vívalo a plenitud y haga las cosas a propósito. ¡La gloria de Dios es el ser humano completamente animado! Hablo con uno o más de mis hijos cada día a menos que me encuentre fuera del país y en un uso horario diferente. Con frecuencia puedo saber por el tono de sus voces qué tipo de día están teniendo. Si pregunto: «¿Cómo estás hoy?», y ellos responden en un tono bajo: «Pienso que bien», siempre me siento decepcionada, porque sé que algo los está molestando y quiero que mis hijos disfruten plenamente cada día de sus vidas. ¿Cómo puede Dios sentir algo menos que eso con respecto a sus hijos?

Todos enfrentamos cosas, y no todos los días van a ser perfectos, pero hagamos la decisión de disfrutar y vivir a plenitud cada día que Dios nos da. Haga que sus días cuenten, porque el tiempo pasa más rápido de lo que puede imaginar. Le dije a mis hijos el otro día que deberíamos reír tanto como fuera posible para tener recuerdos juntos, y ellos estuvieron de acuerdo. No deambule sin sentido a lo largo de su vida. No viva en la oscuridad, sino siga la luz como Jesús nos enseñó a hacerlo.

> *Entonces Jesús les dijo: Aún por un poco está la luz entre vosotros; andad entre tanto que tenéis luz, para que no os sorprendan las tinieblas; porque el que anda en tinieblas, no sabe a dónde va.*
>
> Juan 12:35

Si no seguimos intencionalmente la luz, la oscuridad nos sobrecogerá. Pienso que para nuestro propósito en este libro podemos decir que seguir la luz significa hacer lo que sabemos que es lo correcto. Siempre que nos dediquemos a hacer con determinación lo que está bien, las tinieblas no podrán sorprendernos. Ellas no tienen poder sobre nosotros. Sin embargo, si deambulamos sin propósito, las tinieblas nos engañarán.

Resumen del capítulo

- Jesús es el mejor ejemplo a seguir mientras usted se esfuerza por vivir una vida «a propósito».
- Todos tenemos una elección que hacer: ¿viviremos para agradar a Dios o a otras personas?
- La fe lo llevará a lugares a los que la razón no le permitirá ir.
- Dedique su vida a esa cosa que siente pasión por hacer.
- El entusiasmo no es un sentimiento, sino una elección.
- El hecho de que Jesús murió por usted le confiere una importancia y un valor infinitos.

CAPÍTULO 15

Actividad y pasividad

«Has visto bien —dijo el Señor—, porque yo estoy alerta para que se cumpla mi palabra».

Jeremías 1:12 (NVI)

Dios se describe a sí mismo como alerta y activo, y debido a que hemos sido creados a su imagen (véase Génesis 1:27) y se nos ha dicho que lo imitemos (véase Efesios 5:1), es razonable asumir que podemos también mantenernos alertas y ser activos.

La actividad es exactamente lo opuesto a la pasividad. Adán fue pasivo en el huerto del Edén cuando Eva le ofreció el fruto prohibido: sin ninguna oposición a su sugerencia comió de este. Dios le había dada instrucciones a Adán de no comer de ese árbol en particular, y también le había dicho que si lo hacía, los resultados de su desobediencia serían severos. Dios además le dio autoridad y el poder de elegir, pero cuando Adán fue tentado a hacer la decisión incorrecta, no usó su autoridad para resistirse.

Los efectos colaterales de la pasividad de Adán, la cual lo condujo a pecar, no solo lo afectaron a él, sino que le causaron problemas que podían haberse evitado a toda la humanidad. Adán sencillamente no hizo uso de su libre albedrío para escoger hacer la voluntad de Dios en su situación. A pesar de que sabía lo que Dios deseaba, permitió que sus emociones lo llevaran a seguir a su esposa.

La pasividad indica una falta de acción o resistencia. La persona pasiva es impulsada por los sentimientos más que por seguir las indicaciones del Espíritu Santo. Las personas pasivas tienen libre albedrío, o el poder de elegir, pero no lo usan, y los problemas que su pasividad provocan son demasiado grandes para calcularlos con exactitud. Una definición de pasividad que he escuchado es «recibir el sufrimiento sin resistencia», y eso es en efecto lo que la persona inactiva hace, aunque pueda no darse cuanta de ello en el momento. Ellas terminan sufriendo de muchas formas diferentes y culpan de esto a toda una serie de cosas, ninguna de las cuales constituye el problema real.

El resultado de su inactividad se muestra en una vida que no disfrutan y en realidad los hace desdichados, pero rara vez conectan los puntos y aceptan la responsabilidad por sus situaciones desagradables. La inactividad es «ociosidad, u ociosidad habitual; falta de acción o esfuerzo; pereza».[20]

Dios ha establecido una maravillosa vida para cada uno de nosotros, y podemos hacer elecciones que se correspondan con su voluntad a fin de disfrutarla. A menudo digo que cualquiera que meramente vive de acuerdo a sus sentimientos puede muy bien estampar un cuño a través de su vida que diga: «Destruida».

Jesús es nuestro modelo, y Él estuvo bastante lejos de ser pasivo. Jesús buscó y vivió activamente la voluntad de Dios y rechazó cualquier tentación o presión a hacer otra cosa. Incluso los términos descriptivos que le atribuimos a Dios demuestran que es activo: salva, redime, sana, provee, ayuda.

Jesús empleó un tiempo para descansar y orar, pero hasta esto fue una decisión deliberada. Él sabía que necesitaba hacer ambas cosas para cumplir con la voluntad de Dios. Muchas personas en la actualidad están enfermas debido al estrés y dan una excusa tras otra en cuanto a por qué no descansan. Sin embargo, no importa cuántas excusas demos para las malas elecciones, el resultado siempre es el mismo.

Algunas personas se parecen mucho a Marta, que era hiperactiva y parecía valorar el trabajo más de lo que debía. María, en cambio, sabía cuándo dejar a un lado su trabajo y pasar tiempo con Jesús (véase Lucas 10:38–42).

Necesitamos tener vidas bien equilibradas, y eso resulta de asumir un papel activo en su vida espiritual y también en su vida natural.

Mientras pasamos tiempo con Dios teniendo comunión, orando y estudiando la Biblia, aprenderemos cómo vivir de manera apropiada. Esto nos ayuda a crecer espiritualmente, lo cual es muy importante. Muchos cristianos no han hecho ningún progreso espiritual desde que fueron salvados. Ellos tienen una larga lista de malos hábitos a los que intentan renunciar, pero no están haciendo activamente nada que los ayude a lograrlo. No se siente ociosamente y permita que la vida transcurra al azar para usted. Escoja vivir la vida «a propósito».

> *No se siente ociosamente y permita que la vida transcurra al azar para usted. Escoja vivir la vida «a propósito».*

> Se le presta demasiada atención a los pecados activos, tales como la violencia y la crueldad y la codicia con todos sus trágicos efectos; y se le presta muy poca atención a los pecados pasivos, tales como la apatía y la pereza, los cuales a largo plazo pueden tener efectos más devastadores y destructivos para la sociedad que los otros.
>
> Eleanor Roosevelt[21]

La falta de actividad pude ser tan devastadora como la actividad malvada. Dietrich Bonhoeffer dijo: «El silencio ante el mal es el mal mismo: Dios no nos considerará inocentes».[22] En un mundo donde hay tanto por hacer, ¿cómo podemos vivir un día sin encontrar algo importante que llevar a cabo?

¡Adelante!

¿Por qué no hacer la decisión de buscar la mejor vida que usted pueda tener y entonces activamente ir por ella? El solo hecho de querer una buena vida no produce una. Tenemos que hacer lo que se necesita para lograr lo que deseamos. ¡Cada efecto tiene una causa detrás! La Biblia nos anima con frecuencia a mantenernos alertas, activos y conscientes de lo que está sucediendo a nuestro alrededor.

Estas escrituras lo evidencian:

> *Y lo que a vosotros digo, a todos lo digo: Velad.*
>
> Marcos 13:37

> *Por lo tanto, ya que estamos rodeados por una enorme multitud de testigos de la vida de fe, quitémonos todo peso que nos impida correr, especialmente el pecado que tan fácilmente nos hace tropezar. Y corramos con perseverancia la carrera que Dios nos ha puesto por delante.*
>
> Hebreos 12:1 (NTV)

Por favor, note las palabras en estos versículos que nos instruyen a buscar activamente el tipo de vida que Jesús murió para que pudiéramos disfrutar. Los términos *velad, correr* y *perseverar* indican acción y son cosas que podemos hacer en nuestra vida mientras aprovechamos casa día.

He escuchado una anécdota acerca de un niño pequeño que se cayó de la cama mientras dormía. Su padre lo levantó y lo volvió acostar en su lecho. Él le preguntó: «Hijo, ¿qué sucedió?». El niñito respondió: «Me quedé dormido demasiado cerca del lugar por donde entré».

Muchos cristianos se han quedado dormidos cerca del lugar por donde entraron. Ellos no están en peligro de perder su salvación, pero no han hecho ningún progreso espiritual desde que fueron salvados. Dios espera que tengamos un progreso constante. Cualquier cosa viva está siempre moviéndose y cambiando. En eso consiste el desarrollo. Si una reserva de agua no está en movimiento, si el agua fresca no está saliendo y entrando, se vuelve estancada e inútil.

La Palabra de Dios reprende a los «cristianos dormidos». ¡Se les manda a despertarse!

> *Por lo cual dice: Despiértate, tú que duermes, y levántate*
> *de los muertos, y te alumbrará Cristo.*
>
> Efesios 5:14

Estamos viviendo tiempos difíciles. El peligro y el engaño merodean a nuestro alrededor, pero al permanecer alertas y activos nos mantendremos seguros. En su carta a los creyentes de Roma, Pablo les escribe que el momento es crítico y ya va siendo hora de que se «despierten» a la realidad. Él les explica que la liberación final estaba más cera que cuando creyeron por primera vez. El apóstol Pablo pensaba que Jesús regresaría pronto, incluso en sus días, ¿cuánto más cerca no estará ese momento ahora?

Con seguridad queremos estar preparados para cuando Cristo regrese. No debemos ser como las cinco vírgenes insensatas en Mateo 25, que se quedaron dormidas y no estaban preparadas cuando el esposo volvió.

Jesús contó esta historia para ilustrar una importante lección. Él dijo que habían diez vírgenes: cinco eran prudentes y cinco insensatas. Ellas tomaron todas sus lámparas (luz) y fueron a esperar al esposo. Cinco fueron insensatas porque no previeron, pero las otras cinco fueron sabias y llevaron vasijas con aceite por si acaso la jornada se extendía más de lo esperado. Las personas pasivas, inactivas y perezosas nunca hacen algo adicional. ¡Ellas gastan solo la suficiente energía para sobrevivir el día!

Al final de la historia las cinco vírgenes insensatas se quedaron fuera porque no estaban listas. Cuando el esposo llegó, trataron de prepararse, pero fue demasiado tarde (Mateo 25:1–12).

¿Cuántas personas esperan hasta que es demasiado tarde para hacer lo correcto? Ellas no actúan a fin de hacer lo que deben cuando pueden, y a pesar de que ahora lamentan sus decisiones, ya han perdido algo que no pueden recuperar.

Podemos ser plenamente conscientes de la buena vida que Dios ha provisto para nosotros en Jesús, así como de las cosas buenas que quiere hacer a través de nosotros. ¡Cada día podemos despertarnos de nuestro sueño e ir por estas cosas!

Cuando el apóstol Juan se encontraba en la isla de Patmos, donde Dios le entregó los mensajes que ahora conocemos como el libro de Apocalipsis, se le dieron siete cartas para siete iglesias diferentes, y muchas de ellas contenían reprimendas, correcciones y advertencias, así como exhortaciones.

Jesús le dijo a la iglesia de Laodicea que ellos no eran fríos ni calientes y que debido a eso los vomitaría de su boca (véase Apocalipsis 3:15–16). No voy a atreverme a dar una opinión en cuanto a lo que esto significa, pero como mínimo quiere decir que Dios estaba muy disgustado con ellos. Eran complacientes, indiferentes, y no estaban ni a favor ni en contra de Él. Sus duras palabras estuvieron motivadas por su gran amos hacia ellos, porque esperaba que se despertaran y llegaran a ser activos.

A la iglesia en Tiatira le escribió que conocía sus obras, su amor y su fe, su servicio y su paciencia, pero que tenía una cosa contra ellos (véase Apocalipsis 2:18–29). ¡Ellos toleraban a Jezabel, que activamente guiaba a las personas al pecado! En otras palabras, se mostraban inactivos frente al pecado que residía en medio de ellos. ¿Es Dios muy severo al sentirse infeliz con una iglesia que está comportándose muy bien de muchas maneras y tiene solo un problema? No, no lo es en absoluto. Dios espera que siempre estemos progresando, y eso requiere una confrontación del mal dondequiera que lo encontremos.

No podemos cambiar a todas las personas malas del mundo, pero podemos asegurarnos de no permanecer inactivos en medio de ellas. ¿Ser un cristiano exitoso le parece un trabajo de tiempo completo? ¡Sí lo es! Es mucho más que asistir a la iglesia los domingos para un servicio que dura de cuarenta y cinco minutos a una hora y media, en dependencia de la denominación a la que pertenezca. Si asiste a la iglesia, lo animo a que participe activamente de alguna forma, o si no es en una iglesia, entonces en algo que haga extenderse el Reino de Dios.

En muchos casos, hemos reemplazado el servicio por sentarnos a lo largo de un servicio. Somos como el campesino que ha reemplazado el cultivo de la tierra por ver programas sobre agricultura. Nuestras cercas están caídas, hemos perdido las cosechas y el enemigo está fuera de control.

A la iglesia de Sardis le escribió: «Conozco tus obras; tienes fama de estar vivo, pero en realidad estás muerto. ¡Despierta! Reaviva lo que aún es rescatable, pues no he encontrado que tus obras sean perfectas delante de mi Dios» (Apocalipsis 3:1–2, NVI).

Le reprochó a la iglesia de Éfeso que ellos habían dejado su primer amor (a Él) (véase Apocalipsis 2:4). A la de Esmirna le dijo que algunos de ellos estaban aferrándose a falsas enseñanzas y guiando a otros al engaño (véase Apocalipsis 2:8–11).

Ciertamente, esto me hace pensar que si no nos mantenemos moviéndonos en la dirección correcta, podremos encaminarnos en la dirección equivocada. Por ejemplo, he descubierto que si no estudio versículos relacionados con el poder de las palabras ocasionalmente, podría de nuevo comenzar a decir cosas que son destructivas. Si estudio sobre andar en amor, me siento más inclinada a hacerlo. Si estudio acerca de dar, me vuelvo más generosa. Todas estas son cosas de las que estoy plenamente consciente, pero si no me mantengo creciendo en la Palabra de Dios, retrocederé. El cristianismo se trata de tener una relación activa con Cristo. La iglesia nunca estuvo supuesta a

> *Todos tenemos un jonrón esperando por nosotros, solo tenemos que empuñar el bate.*

ser como un espectáculo deportivo. ¡Todos podemos ser activos en la jornada de la vida! Todos tenemos un jonrón esperando por nosotros, solo tenemos que empuñar el bate.

¿Cuál es el problema?

Los cristianos aman a Dios y creen en Jesús, por lo tanto, ¿cuál es el problema? ¿Por qué el cuerpo de Cristo (todos los creyentes) no tiene un impacto más positivo en el mundo? Existen muchas razones de por qué la pasividad se ha infiltrado en nuestra sociedad, y una de ellas es tener prioridades equivocadas. Vivimos en un mundo tan apresurado, que son pocos los que piensan que tienen tiempo para dedicarlo a sus vidas espirituales. ¡He leído que la mayoría de los cristianos pasa más tiempo cada día cepillando sus dientes que creciendo espiritualmente! No podemos hacer todo lo que el mundo nos invita a hacer y en ocasiones nos demanda. Es importante que hagamos un inventario de nuestras vidas y nos deshagamos de las cosas que no están dando un buen fruto. Jesús dijo que Él podaría a aquellos que no llevaran fruto hasta que dieran el fruto más excelente.

Hemos perdido nuestra habilidad de enfocarnos en lo que es realmente importante; las cosas que a menudo captan nuestra atención son aquellas que gritan más fuerte. En muchos casos somos adictos al entretenimiento y no podemos imaginar una vida sin algo de este cada día. En un tiempo el entretenimiento requería que participáramos activamente, pero ahora con frecuencia asumimos un papel pasivo y esperamos que nos entretengan.

La mayoría de las personas hoy habitualmente se quejan de una cosa y luego de otra, mientras que no hacen nada en absoluto para mejorar la situación.

Una gran cantidad de personas ni siquiera se preocupa por votar en las elecciones, aunque se quejan constantemente del gobierno. Podemos culpar a muchas cosas de los problemas en nuestra sociedad, pero en realidad nuestras dificultades se deben a que las personas no actúan para hacer lo que deben en el momento preciso. La gente está muy ocupada haciendo cosas que al final en realidad no tienen importancia, y esto no les deja tiempo para las cosas que importan en gran medida.

¡Sea honesto! Si no le está dedicando tiempo a su crecimiento espiritual y otras cosas importantes, ¿hay algo que no sea esencial que podría eliminar a fin de tener tiempo disponible para hacerlo? Estoy segura de que la respuesta es sí. ¡Y si es así, hágalo!

¿Poner en práctica todo esto parece extenuante?

He leído que John Wesley viajó doscientas cincuenta mil millas [más de cuatrocientos mil kilómetros] a caballo, recorriendo un promedio de veinte millas [treinta y dos kilómetros] diarias por cuarenta años; predicó cuatro mil sermones; produjo cuatrocientos libros y conocía diez lenguajes. A los ochenta y tres años se sintió abrumado porque no podía escribir más de quince horas al día sin que le dolieran los ojos, y a los ochenta y seis sentía vergüenza de no poder predicar más de dos veces al día. Él se quejó en su diario de que experimentaba una creciente tendencia a permanecer en la cana hasta las cinco y media de la mañana.[23]

Pensaba que estaba trabajando duro hasta que leí esto. Yo no cabalgo en un caballo, sino vuelo en un avión. Solo conozco un lenguaje y no puedo escribir dieciséis horas al día sin que me duelan una gran cantidad de cosas. Necesitamos más historias inspiradoras como esta. No creo que forzosamente todos tenemos que trabajar tan duro como John Wesley lo hizo, pero podemos permitir que este ejemplo sea un recordatorio para nosotros de hacer todo lo que podamos con la única vida que tenemos.

Pensamos que la vida fácil que disfrutamos hoy es resultado del progreso, y en cierta medida lo es, pero pareciera que mientras progresamos, también retrocedemos en lo que respecta a mantener los estándares y valores que fueron honrados y admirados por siglos. ¿Qué ha sucedido con la destreza? ¿Y qué hay de la integridad? ¿Y el honor? ¿El deber? ¿La prioridad de la familia? Esas y muchas otras cosas han sido relegadas a un segundo plano en nuestras vidas y están a punto de extinguirse. ¡No obstante, podemos revivirlas! A menudo oramos por un reavivamiento en la iglesia, sin embargo, ¿cómo podemos tener un reavivamiento a menos que nosotros mismos hayamos revivido? El verdadero reavivamiento viene de adentro. No es un acontecimiento que tiene lugar en una ciudad por unas semanas y luego todo se acaba de nuevo.

Es tiempo de que cada uno de nosotros se anime, rechace la pasividad y el letargo, y busque activamente la voluntad de Dios. Usted tiene libre albedrío y lo usa todo el tiempo, así que asegúrese de emplearlo en hacer las decisiones correctas, aquellas que producirán que afirme que quiere sacarle el máximo provecho a la vida.

Resumen del capítulo

- La pasividad le impedirá disfrutar de lo mejor que la vida tienen para usted. A fin de cumplir el plan de Dios para su vida, es importante actuar.
- Aprendemos a vivir de forma apropiada y recibimos el poder para hacer las decisiones correctas al tener una comunión activa con Dios, hablar con Él por medio de la oración y estudiar la Biblia.
- ¿Por qué no hacer la decisión de buscar la mejor vida que usted pueda tener y entonces activamente ir por ella?
- A fin de impedir que nos encaminemos en la dirección equivocada, es importante mantenernos moviéndonos en la dirección correcta.
- En lugar de en lo «urgente», enfóquese en lo «importante». Dedíquele su tiempo activamente a las cosas más importantes de su vida.

CAPÍTULO 16

Sea cuidadoso con la forma en que vive

Mirad, pues, con diligencia cómo andéis, no como necios sino como sabios.

Efesios 5:15

Ser cuidadoso significa mantenerse atento, supervisar y ser responsable. ¿Se está supervisando a sí mismo? Si no es así, cometerá muchos errores tontos en la vida. En un esfuerzo por ayudarlo a ser más cuidadoso con su vida, permítame hacerle algunas preguntas:

¿Cuál es su estilo de vida, y podría Jesús aprobarlo?

¿Cuáles son sus hábitos buenos y malos?

¿Tienen usted un propósito?

¿Es capaz de darle seguimiento a un plan?

¿Con cuánta frecuencia falla en cumplir sus metas diarias?

¿Está dejando un legado?

¿Qué está logrando en la vida?

Estas preguntas no tienen la intención de parecer un interrogatorio, sino las he formulado simplemente para ponerlo a pensar.

Ser cuidadoso realmente significa ser sabio. Escoger hacer ahora lo que lo hará feliz después. La palabra griega que ahora traducimos como «ser cuidadoso» originalmente se traducía como «caminar prudentemente». Tal palabra significa mirar los alrededores, como alguien que está caminando en un lugar muy peligroso. Esta persona se mantiene constantemente observando dónde va a poner su pie antes de dar el próximo paso. Cada decisión que hacemos representa un paso que damos en nuestro caminar con Dios y debemos hacerlo con mucho cuidado, considerando cuál podrá ser el resultado.

¡Sea un inversionista en la vida, no un apostador! Haga

las decisiones correctas y asegúrese de a la larga obtener buenos resultados; no haga decisiones equivocadas y apueste a lo que puede lograr con ellas. La mayoría de la gente que tiene un serio hábito de hacer apuestas puede en ocasiones apostar y ganar, pero al final la mayoría pierde todo.

Mientras lee este libro, si se siente convencido de que hay áreas de su vida en las que necesita hacer un cambio, le urjo a no postergarlo. ¡Actúe ahora, porque si no lo hace nada podrá cambiar!

Estamos edificando una vida y queremos ser cautelosos, de modo que al final nos guste vivir la vida que hemos construido. Nuestras vidas se construyen sobre el fundamento de Jesús. No hay vida real sin Él, pero después de recibir a Jesús es nuestra decisión cómo edificamos y la calidad de lo que usamos para construir.

> *Conforme a la gracia de Dios que me ha sido dada, yo como perito arquitecto puse el fundamento, y otro edifica encima; pero cada uno mire cómo sobreedifica.*
>
> 1 Corintios 3:10

Más adelante se menciona una variedad de materiales: oro, plata, piedras preciosas, madera, heno y hojarasca. Es obvio que debemos escoger con qué construir, pero no siempre lo hacemos. Preguntémonos qué tipo de vida estamos edificando.

¿Está construyendo una vida que desea que sus hijos hereden? ¿Está dejando un legado del cual el mundo pueda sentirse orgulloso? Mientras escogemos un estilo de vida, debemos darnos cuenta de que es muy probable que nuestros hijos imiten lo que nos ven hacer a nosotros de muchas maneras. Necesitamos tener cuidado de cómo construimos, no solo por nosotros mismos, sino también por aquellos a los que influenciamos. No construya su vida con alguno de los materiales inferiores que se mencionaron antes, no escoja ni siquiera los de calidad término medio, sino que en cambio elija y aprecie lo que es excelente y tiene un valor real.

Hay otros versículos de las Escrituras que dicen lo mismo que 1 Corintios 3:10, pero de un modo diferente. Pablo dejó claro en Efesios que somos salvados por gracia. No es por ninguna obra que hayamos hecho o pudiéramos hacer (véase 2:8–9). Después de aclarar esto, él pasa a decir que Dios ha planeado una buena vida para nosotros y que debemos apropiarnos de ella. Por favor, note que tenemos que apropiarnos de nuestra vida, lo cual conlleva esfuerzo, toma de decisiones y actividad.

> *Pues somos la obra maestra de Dios. Él nos creó de nuevo en Cristo Jesús, a fin de que hagamos las cosas buenas que preparó para nosotros tiempo atrás.*
> Efesios 2:10 (NTV)

Desde antes de que comenzara lo que conocemos como «tiempo», Dios había preparado o planeado por adelantado una buena vida para nosotros. El requisito previo para esta nueva vida es haber nacido de nuevo al recibir a Jesús como nuestro Salvador personal por medio de la fe. Después de eso, Dios desea que vivamos la vida que ha dispuesto para nosotros. Él diseñó cosas buenas para que las hagamos, y ha preparado caminos a fin de que caminemos por ellos.

Podemos ver con claridad que la voluntad de Dios para nosotros es hacer buenas cosas y vivir una buena vida. Eso es imposible sin que tengamos una nueva naturaleza, así que Él nos da su mismísima naturaleza a través de un nuevo nacimiento

El mensaje no puede ser más explícito: ¡Dios provee y nosotros elegimos!

y luego nos dice: «Elige ahora este buen plan y estas cosas buenas y ponlas de manifiesto en tu vida para mi gloria». El mensaje no puede ser más explícito: ¡Dios provee y nosotros elegimos!

Sea cuidadoso, no víctima del engaño

¿Cuántas mentiras usted cree? Ser engañado significa creer una mentira. La mayoría de nosotros no considera si lo que creemos es realmente una mentira o no, y la única forma en que podemos saberlo es comparando lo que creemos con la Palabra de Dios. Solo su Palabra es verdad.

Si usted aplica la Palabra de Dios a su vida, encontrará que ella obra exactamente como dice que lo hará. ¡No acepte simplemente lo que alguien más dice en cuanto a ella, compruébelo por sí mismo! No puede ser fuerte en Dios teniendo una fe de segunda mano. Su mamá puede tener una fe fuerte, o su abuela, pero usted necesita su propia experiencia con Dios. Muchas personas terminan engañadas porque creen lo que les dicen sin hacer ninguna investigación para validar lo que les han dicho.

Al principio de mi caminar con Dios me enseñaron algunas cosas que simplemente no demostraron ser correctas. Una de ellas fue que si tenía una fe lo suficiente fuerte, podía evitar los problemas y tribulaciones. Sin embargo, mientras estudiaba por mi propia cuenta y desarrollaba una relación con Dios, aprendí por medio de su Palabra y las experiencias de la vida que lo que me habían enseñado no era exacto. Pase unos pocos años sintiéndome frustrada, ya que cada vez que tenía un problema intentaba aumentar mi fe en lugar de usar la fe que tenía para confiar en Dios y permanecer en paz. Pensaba que si podía tener la suficiente fe, enfrentaría el problema, pero estaba engañada, y el engaño me impidió hacer algún progreso en mi caminar con Dios. ¡No acepte la palabra de alguien más acerca de lo que debe creer sin estudiar la Biblia por sí mismo!

Mientras comenzaba mi jornada para estudiar la Palabra de Dios y buscar al Señor personalmente, descubrí que sin fe es imposible agradar a Dios, y que todo lo que hacemos debe ser hecho en fe. Podemos tener una fe fuerte y aun así experimentar pruebas y tribulaciones en la vida. Dios nos da fe para atravesar los momentos difíciles victoriosamente. Somos más que vencedores a través de Cristo, quien nos amó (véase Romanos 8:37). Sin embargo, ¿cómo podemos ser más que vencedores si nunca tenemos nada que conquistar? La fe no elimina las dificultades, pero sí nos ayuda a navegar por ellas mientras confiamos en que Dios nos librará en el momento apropiado.

Esto solo es un ejemplo de cómo podemos ser engañados si no comprobamos las cosas por nuestra cuenta. Ya sea que la enseñanza que escuché estuviera equivocada o que yo no la hubiera entendido, esto aún sigue siendo un misterio para mí, pero sé que cuando busquemos a Dios *personalmente* con diligencia, conoceremos la verdad y la verdad nos hará libres.

¿Tiene usted una fe de segunda mano? El apóstol Pedro escribió que el poder divino de Dios nos ha concedido todo lo que necesitamos para escapar de la corrupción y la decadencia moral del mundo por medio del conocimiento *personal* de aquel que nos llamó (véase 2 Pedro 1:3). ¡Necesitamos un conocimiento *personal*! Una persona perezosa y pasiva puede mostrarse más inclinada a no hacer el esfuerzo necesario para comprobar las cosas por sí misma, pero esto resulta peligroso. Alguien verdaderamente espiritual examina las cosas:

> *En cambio, el que es espiritual lo juzga todo, aunque él mismo no está sujeto al juicio de nadie.*
>
> 1 Corintios 2:15 (NVI)

Me gusta mucho el versículo anterior. Este me recuerda que la persona espiritualmente madura no se traga el anzuelo, la línea y la plomada. Ella examina, investiga, inquiere, cuestiona y discierne todas las cosas.

> Dios no ha cambiado su mente en cuanto a lo bueno y lo malo, pero la sociedad sí ha cambiado la suya.

El engaño deambula hoy por todas partes. Muchas personas

hacen cosas que en un tiempo pudieron considerarse un completo pecado debido al engaño. Dios no ha cambiado su mente en cuanto a lo bueno y lo malo, pero la sociedad sí ha cambiado la suya. Tenemos que asegurarnos de no ser arrastrados corriente abajo con la multitud descuidada, o de caminar por el camino espacioso que conduce a la destrucción. Debemos examinar cuidadosamente lo que pensamos, decimos, hacemos y creemos, asegurándonos de que está de acuerdo con la Palabra de Dios. ¡Si cualquier cosa en mi vida o la suya no coincide con la Palabra de Dios, entonces nosotros somos los equivocados, no Él!

Jesús les advirtió a las personas varias veces que tuvieran cuidado de que no las engañaran y condujeran al error. Él mencionó que en especial debíamos ser cuidadosos al acercarse los tiempos del fin. Ningún ser humano conoce el día y la hora en que Jesús regresará, pero podemos discernir los tiempos si prestamos atención. En los días del fin habrá guerras y rumores de guerras, se levantará nación contra nación, experimentaremos terremotos y hambruna en muchos lugares. Las personas serán afligidas y sufrirán tribulaciones por causa del nombre de Cristo, y los cristianos serán odiados. Se levantarán falsos profetas y engañarán a muchos, guiándolos al error, muchos serán ofendidos y el amor de muchos se enfriará debido a la maldad en la tierra (véase Mateo 24:4-12).

Usted puede recorrer la lista e ir marcando las cosas que Jesús nos dijo que observáramos. Ellas son todas una realidad hoy, así que seguramente viene pronto y necesitamos tener cuidado de cómo vivimos. Queremos estar listos y entusiasmados cuando Él venga, y también deseamos ser un buen ejemplo para aquellos que se encuentran perdidos y necesitan hacer una decisión por Cristo antes de que sea demasiado tarde. Usted es importante para el plan de Dios. Tiene un propósito. Permita que su luz brille, y asegúrese de que la luz que Dios ha puesto en usted no se convierta en tinieblas (véase Lucas 11:35).

¡Acabo de recordar de súbito a varias personas que conozco que están tratando de decidir qué quieren *ellas* hacer con sus vidas! Esto me hizo entristecer por un momento. ¿Realmente esto es cosa nuestra o debemos estar diciendo como lo hizo Jesús: «¡Qué se haga tu voluntad y no la mía!» (véase Lucas 22:42)? ¿Qué tal si cada cristiano tuviera la misma actitud que Jesús mostró? Eso es exactamente lo que Dios espera de nosotros. Él quiere que descubramos su voluntad y usemos nuestro libre albedrío para elegir cumplirla. Cuando hacemos la decisión correcta, el Espíritu Santo nos dará la energía para continuar.

> *Haya, pues, en vosotros este sentir que hubo también en Cristo Jesús.*
>
> Filipenses 2:5

¿Queremos hacer la voluntad de Dios más que cualquier otra cosa? ¿Somos lo suficiente serios en cuanto a eso? ¿Estamos viviendo de manera cuidadosa? Si no es así, podemos dar un giro de ciento ochenta grados e ir en la dirección correcta. De eso se trata el arrepentimiento. El mismo significa dar un giro y avanzar en la dirección correcta. En cualquier momento que tomemos la decisión correcta, Dios nos dará el poder para hacer lo que está bien.

Debido a que el engaño es una señal de los tiempos del fin, ¿ante qué tipo de engaños debemos mantenernos alertas? El engaño moral con seguridad debe estar al inicio de la lista. Un estudio reciente de George Barna y David Barton ha proporcionado algunos datos estadísticos asombrosos con respecto a lo que los adultos estadounidenses creen sobre ciertas conductas específicas que la Biblia claramente afirma que son pecados:[24]

69% cree que el divorcio es aceptable por alguna razón.
67% cree que es aceptable que una mujer no casada tenga un bebé.

66% cree que una relación sexual entre un hombre y una mujer que no están casados es aceptable.

64% cree que hacer apuestas es aceptable.

63% disfruta teniendo pensamientos sexuales y fantasías con alguien que no es su cónyuge.

63% vive con alguien del sexo opuesto sin estar casados.

47% no tiene problemas para consumir marihuana con fines recreativos.

44% dice obscenidades.

43% mira pornografía.

42% tiene un aborto.

34% se emborracha.

32% de los adolescentes tiene sexo.

Menos de tres por ciento afirma que cuando hacen una decisión moral luchan para ser consecuentes con los estándares bíblicos. Solo treinta y cuatro por ciento cree que hay una verdad moral absoluta.

Observando algunas de estas estadísticas, definitivamente creo que muchas personas están siendo engañadas. He elegido dirigir mi vida y conducta por la Palabra de Dios, ya que es la única cosa que siempre produce buenos resultados en mi vida. He vivido la vida sin Dios y he vivido la vida con Él, ¡y puedo prometerle que «con Dios» es mejor!

Hay personas que no eligen creer que Dios existe o la Biblia es verdad, y por supuesto esa es su elección, pero creo con sinceridad que al final ellos lo lamentarán mucho. Le urjo a hacer la decisión correcta, porque nuestras elecciones se convierten en nuestras vidas.

Las cosas en el mundo parecen desalentadoras ahora, pero estas pueden cambiar si cada uno de nosotros hace su parte. Solo somos responsables ante Dios de nuestra parte, así que si hacemos eso, Él cuidará de nosotros. En lugar de quejarnos por cómo están las cosas en el mundo, preguntémosle a Dios qué podemos hacer para cambiarlas y luego sigamos sus instrucciones.

Las cosas serán mucho peor en el futuro si no se hace algo rápidamente, y somos nosotros los que necesitamos actuar. Cada uno de nosotros puede asegurarse de que está representando a Cristo de la forma adecuada y no haciendo concesiones a fin de encajar en una sociedad que ni siquiera nos agrada. Si cada uno de nosotros comienza a ser más cuidadoso con la forma en que vive, puede tardar un tiempo, pero las cosas en nuestra sociedad pueden dar un giro radical.

Hay muchos cristianos maravillosos que aman a Dios y viven guiados por un estándar moral firme. ¡Ellos son la luz que aún resplandece, pero necesitamos más luz y necesitamos que esta brille con más intensidad! ¡Brillemos juntos!

Sea cuidadoso con lo que escucha

Tenemos la responsabilidad de ser cuidadosos en cuanto a lo que escuchamos. Solo porque alguien quiera hablar eso no significa que debamos oírlo. Las palabras tienen poder, y cuando las dejamos entrar en nuestra mente, pueden influenciar lo que pensamos si no somos cautelosos.

He escuchado que solo veinticinco por ciento de los estudiantes cristianos que entran a la universidad terminan con su fe intacta. ¡Asombroso! Ellos se sientan a escuchar clases y se les asignan libros que minan su fe cristiana, y luego de un período de tiempo de estar escuchando, esto puede tener un efecto adverso en su vida a menos que sepan cómo rechazar lo que saben que no es verdad.

Los cristianos nuevos que asisten a la universidad deben ser bien informados acerca de lo que van a enfrentar. El diablo ha incitado una guerra sin cuartel para eliminar a Dios de cada lugar posible. Muchas de nuestras universidades principales que fueron fundadas en un inicio por grandes hombres y mujeres de Dios ahora son totalmente seculares en sus métodos de enseñanza. Dios ha sido excluido de nuestros libros de historia, y eso está teniendo un impacto negativo en la sociedad. ¡La vida sin Dios simplemente no funciona! Él es el creador de toda la vida, el dueño y el administrador de todas las cosas, y el que sostiene y sustenta el universo, por lo tanto, ¿cómo es posible que algo funcionen sin Dios? (véase Hebreos 1:3).

Si un joven entra a la universidad sin estar firmemente apoyado en su fe cristiana y conocer de un modo personal las Escrituras, su mente se verá confrontada por muchas teorías e ideas que son populares, pero no bíblicas. La evolución, por ejemplo, aún es considerada una teoría. Sin embargo, setenta y cinco por ciento de los estudiantes cree en la evolución en lugar de en el creacionismo. Los profesores apelan al raciocinio de los estudiantes y les dicen que no es razonable creer en Dios, pero demasiado razonamiento puede fácilmente engañar a una persona.

El ser humano espiritual no razona, él discierne, y hay una gran diferencia. Algo puede parecerle bien a mi mente, pero mi espíritu no tiene ningún tipo de paz en cuanto a esto. Si ese es el caso, debo siempre buscar la paz. La versión de la Biblia Amplificada en inglés dice que la mentalidad de la carne implica sentido y razón sin el Espíritu Santo (véase Romanos 8:6–8). ¡Cuando vivimos en el ámbito del sentido y la razón solamente, vamos rumbo al engaño! Afortunadamente, también tenemos la mentalidad del Espíritu, y esta implica vida y vida eterna. Tenemos la mente de Cristo (véase 1 Corintios 2:16). Tenemos la habilidad de pensar como Cristo lo hace, y cuando lo hagamos con seguridad nos protegeremos contra el engaño.

Sea cuidadoso en cuanto a escuchar chismes

No le preste oídos a los chismes. Si la persona a la que está escuchando se mantiene hablando de alguien más, podrá también hablar de usted en otro momento. La Biblia nos advierte contra los chismes en muchos lugares. Un buen ejemplo se encuentra en Proverbios. Este dice:

El que anda en chismes descubre el secreto; no te entremetas, pues, con el suelto de lengua.

Proverbios 20:19

Lo triste acerca de los chismes es que una vez que hemos escuchado que se critica a otra persona, incluso si no creemos lo que escuchamos, a menudo esto provoca que desconfiemos de él o ella. Debemos protegernos del veneno de las habladurías deteniendo al chismoso en el mismo momento que empieza a hablar. A menos que ellos tengan una razón realmente buena para decirle lo que van a contarle, usted no necesita escucharlo.

Pablo le dijo a Timoteo que cerrara su mente a las controversias necias y asuntos sin sentido, porque solo engendran contiendas (véase 2 Timoteo 2:23). En otras palabras: «No los escuches».

Tenga cuidado de con quién se asocia

No se entremeta con el suelto de lengua (véase Proverbios 20:19). No se entremeta con el iracundo (véase Proverbios 22:24). No se entremeta con los veleidosos, porque ellos son inconstantes y volubles (véase Proverbios 24:21). No se junte con los fornicarios, avaros, ladrones, idólatras maldicientes, borrachos o ladrones (1 Corintios 5:9–10).

Habiendo tantas instrucciones acerca de con quién no debemos asociarnos, esto debe ser realmente importante. Los amigos de un hombre dicen mucho acerca de él. ¿Qué comunión tienen la luz con las tinieblas? (véase 2 Corintios 6:14). Tal cosa no significa que debemos o incluso que podemos evitar a todos aquellos con características que no son piadosas, pero debemos ser sabios para no elegirlos como amigos cercanos.

Nosotros elegimos a nuestros amigos, y es importante que lo hagamos con sabiduría. Escoja a amigos en los que pueda confiar, a los que pueda admirar y respetar, y de los que pueda aprender. Si paso mucho tiempo con alguien, puedo adoptar las maneras y hábitos de esa persona, e incluso no darme cuenta de que lo estoy haciendo. Las personas nos influencian, así que resulta esencial que guardemos nuestros corazón, porque de él mana la vida (véase Proverbios 4:23).

Ser cuidadoso requiere que pensemos en cuál puede ser el resultado de nuestras acciones y luego hagamos elecciones que conduzcan a lo que deseamos. Ser *descuidados* nos permite seguir a nuestras emociones y hacer cualquier cosa sin considerar las consecuencias. Dios desea que seamos *cuidadosos* con respecto a cómo vivimos, de modo que podamos disfrutar del buen plan que Él ha elaborado con anticipación para nosotros.

Sea cuidadoso con su conducta

Por eso yo, que estoy preso por la causa del Señor, les ruego que vivan de una manera digna del llamamiento que han recibido.

Efesios 4:1 (NVI)

La Palabra de Dios nos hace varias advertencias en cuanto a cómo debe ser nuestra conducta. Es obvio que las personas observan nuestra conducta y por medio de ella forman sus opiniones sobre nosotros. Como representantes de Cristo es vital que nuestra conducta sea una muestra externa de lo que decimos que creemos como cristianos.

La conducta de algunos cristianos a la largo de la historia le ha hecho un tremendo daño a la causa de Cristo. Un hipócrita es alguien que enseña a otros a hacer lo que él mismo no hace.

La personas en el mundo observan a aquellos que afirman ser cristianos, y la gente mala está buscando una excusa para hacer una acusación contra ellos. El apóstol Pablo nos urge a vivir de forma irreprochable, de modo que los que están afuera en el mundo no puedan encontrar fallas en nosotros (1 Timoteo 2:3, 7).

Los cristianos no son perfectos en lo que respecta a su conducta. Cometemos errores, pero podemos luchar a fin de hacer nuestro mayor esfuerzo y recordar siempre que somos los representantes de Cristo en la tierra. Vivamos con más cuidado, mostrándonos vigilantes y cautelosos, y mientras lo hacemos no solo mejoraremos nuestras vidas, sino también les daremos un buen ejemplo a otros.

Resumen del capítulo

- Ser cuidadoso realmente significa ser sabio.
- Dios ha planeado una buena vida para que usted se apropie de ella.
- Si usted aplica la Palabra de Dios a su vida, encontrará que ella obra exactamente como dice que lo hará.
- La fe no elimina las dificultades, pero sí nos ayuda a navegar por ellas mientras confiamos en que Dios nos librará en el momento apropiado.
- Usted es importante para el plan de Dios. Tiene un propósito.
- Cuando hacemos la decisión correcta, el Espíritu Santo nos dará la energía para continuar.

CAPÍTULO 17

¿Qué está haciendo con lo que Dios le ha dado?

Un hombre puede desperdiciarse a sí mismo debido a su pecado, lo cual implica desperdiciar lo que es más semejante a Dios sobre la tierra. Esto constituye la más grande tragedia del hombre y el más intenso dolor de Dios.

A. W. Tozer

Desperdiciar cualquier cosa es triste, y ciertamente el desperdicio de una vida entera es lo más triste de todo. Lo que hacemos hoy es importante, porque estamos cambiando un día de nuestra vida por esto. Todos conocemos a personas de las que podemos decir que han malgastado su vida, pero debemos recordar que el derroche de una vida es algo que ocurre un día a la vez. Para desperdiciar su vida entera uno tiene que dilapidar muchas cosas: tiempo, talento, dinero, recursos, energía, salud y mucho más.

Siempre estamos gastando algo, y cuando lo hacemos, lo desperdiciamos o lo invertimos. Dios no desea que usted desperdicie su vida. Él quiere que la invierta y produzca mucho fruto.

Jesús una vez alimentó a cinco mil hombres más mujeres y niños con el almuerzo de un muchacho que consistía en cinco trozos de pan y dos pescados. Él obró uno de los más grandes milagros de los que encontramos en la Biblia. Después que las personas comieron y quedaron satisfechas, Jesús dijo:

Recoged los pedazos que sobraron, para que no se pierda nada.

Juan 6:12

Muchas personas hubieran considerado botar el sobrante, pero no Jesús. Él se aseguró de que no se desperdiciara nada. De un modo muy parecido, hay personas que consideran a los otros como basura, buenos para nada, pero no Jesús. Él en realidad escoge y usa a aquellos que el mundo menosprecia y descarta (véase 1 Corintios 1:27–28). Yo fui una de esas personas que el mundo podría haber rechazado, así que me alegro mucho de que al Señor no le guste el desperdicio. ¡Él puede hacer mucho con unos pedazos rotos!

Podemos seguir el ejemplo de Jesús y ser cuidadosos para no desperdiciar lo que nos ha dado.

En el Antiguo Testamento, leemos que Dios les pidió a los agricultores que no desperdiciaran lo que quedaba en el campo después de la cosecha, sino que lo dejaran para que el pobre viniera y lo recogiera (véase Deuteronomio 24:19).

Quizás usted piensa que no tiene mucho, pero déjeme recordarle sobre el pequeño almuerzo que el niño le ofreció a Jesús. El Señor lo multiplicó y alimentó a miles de personas. En lugar de preocuparse tanto por lo que no tiene, ofrézcale a Jesús lo que tiene y obsérvelo multiplicarlo. Si menospreciamos lo que tenemos, probablemente lo desperdiciaremos, así que recuerde que cualquier cosa que tiene es importante. ¡Usted es importante!

> *Ofrézcale a Jesús lo que tiene y obsérvelo multiplicarlo.*

Maximice su tiempo

La Biblia dice que hay un tiempo de nacer y un tiempo de morir (véase Eclesiastés 3:2). El nacimiento y la muerte son acontecimientos importantes, pero lo más importante es lo que sucede entre ambas cosas. Si investiga sobre cualquier persona famosa de la historia, verá su nombre seguido del año en que nació y el año de su muerte con un guión (–) entre ellos. El mismo guión se usa en las lápidas. ¡Un simple guión se emplea para representar la vida entera de una persona! Ese guión incluye muchas cosas, pero lo importante es saber cuáles son.

¿Qué está usted haciendo con su guión?

La vida con frecuencia se asemeja a un guión, porque el tiempo parece irse muy rápido. Esa una razón más que suficiente para asegurarnos de que nuestro «guión» está lleno de cosas buenas que producen excelentes resultados.

El apóstol Pablo nos urge a aprovechar al máximo nuestro tiempo, no pasando por alto ninguna oportunidad buena (véase Efesios 5:16). Algunas oportunidades se nos presentan solo una vez, y si las desperdiciamos, nunca regresarán.

Cuando a Ester se le ofreció la oportunidad de ayudar a salvar a los judíos, ella tenía miedo de morir en el intento. En el momento en que parecía indecisa acerca de hacer lo que se le había pedido, Mardoqueo le envió este mensaje:

> *Porque si callas absolutamente en este tiempo, respiro y liberación vendrá de alguna otra parte para los judíos; mas tú y la casa de tu padre pereceréis. ¿Y quién sabe si para esta hora has llegado al reino?*
>
> Ester 4:14

El temor que Ester sintió era comprensible, pero si queremos aprovechar las oportunidades de Dios en nuestra vida, necesitamos estar dispuestos a hacer su voluntad, incluso si debemos «hacerla con temor». Cualquiera que planee esperar por un momento en el que no experimente temor u oposición se perderá muchas oportunidades en su vida. Mardoqueo le sugirió a Ester que esa oportunidad que se le presentaba quizás era el destino planeado para ella. Ester fue llamada precisamente para este momento de la historia. Afortunadamente, hizo lo que se requería de ella y en el proceso Dios la usó para salvar a una nación entera, y se convirtió en reina.

Cuando usted aprovecha las oportunidades que tiene enfrente, vemos que las recompensas de Dios están unidas a nuestra obediencia.

Cuando Dios nos dio a Dave y a mí la oportunidad de estar en televisión, una de las más fuertes impresiones que él recibió de parte del Señor fue: «Si no aprovechas esta oportunidad, nunca se presentará de nuevo». No todas las oportunidades son así, pero por alguna razón esta lo fue. Quién sabe si tal vez Dios estaba buscando a alguien que ocupara una determinada posición en el plan de su Reino cuando lo llamó a usted o a mí, y como Ester, si no decimos que sí, ¡Él encontrará a alguien más!

Sin importar si las oportunidades son pequeñas o grandes, cuando se nos da la posibilidad de servir a Dios, esto constituye un honor. Hay miles de millones de personas sobre la tierra, y Dios puede escoger a cualquiera que desee. Si lo escoge a usted por algún motivo, redima el tiempo y, como el apóstol Pablo dijo, viva «aprovechando al máximo cada momento oportuno» (Colosenses 4:5, NVI). Podemos aprovechar cada oportunidad con nuestro tiempo. Podemos gastar nuestro tiempo y usarlo para invertir en el plan de Dios y luego cosechar sus recompensas.

Incluso algo tan simple como apartar un tiempo para estudiar la Palabra de Dios es una oportunidad, y debemos aprovecharla o nos la perderemos. Se necesita tiempo para estudiar, así que a fin de aprovechar esta oportunidad debemos gastar nuestro tiempo, pero al hacerlo estamos invirtiendo en nuestro futuro. El tiempo es nuestro, y podemos invertirlo o desperdiciarlo.

¿Qué hay de las oportunidades que tenemos de animar a alguien o testificar sobre el amor de Dios? ¿Cuán a menudo nos perdemos esas oportunidades porque estamos demasiado ocupados o no somos sensibles a la necesidad que está frente a nosotros?

Andad sabiamente para con los de afuera, redimiendo el tiempo.

Colosenses 4:5

Mostrarles paciencia, bondad y amor a aquellos con los que nos encontramos a diario constituye un ministerio muy importante y que no debemos tomar a la ligera. Pienso que cada persona con la que nos encontramos representa una oportunidad de algún tipo. Incuso si solo intercambiamos una sonrisa, esto puede producir una impresión perdurable.

> *Pienso que cada persona con la que nos encontramos representa una oportunidad de algún tipo.*

Recientemente me encontraba en una joyería y el hombre que me estaba atendiendo se percató del anillo que llevaba y me halagó diciendo cuán bonito pensaba que era. Le comenté que el mismo había sido un regalo, y él pareció estar aun más interesado, así que le narré la historia detrás del anillo. Le conté que en una ocasión hacía muchos años había sentido que debía regalarle el único anillo que tenía en ese momento a una persona. Esto representó un sacrificio para mí, no porque el anillo fuera costoso, sino porque poseía un valor sentimental y era el único que tenía. Así que lo regalé, y alrededor de tres años después una mujer que no conocía nos entregó un envoltorio y simplemente dijo: «Esto es para Joyce», y se marchó. El paquetico contenía el anillo que yo estaba llevando ese día. Este era mucho más valioso y bello que el que había regalado. Y entonces le dije al vendedor: «Esta es la forma en que Dios obra. Si usted le da algo a alguien motivado por su obediencia al Señor, Él siempre le devolverá más de lo que usted dio. Eso en la Biblia se llama sembrar y cosechar».

El hombre me agradeció tres veces antes de que yo dejara el establecimiento por haberle contado esa historia. Me dijo que le había pedido a Dios una bendición ese día y que la había recibido al escucharme. Obviamente, la historia significaba algo más para él de lo que yo era capaz de saber, pero pude haberme perdido fácilmente la oportunidad si no hubiera estado dispuesta a dedicar un tiempo para contársela.

Ser una bendición para las personas requiere siempre un poco de tiempo, así que asegúrese de redimir su tiempo y aprovechar cada oportunidad que viene a su camino.

Maximice sus finanzas

El mejor plan para seguir con relación al dinero es dar algo, gastar algo y ahorrar algo. Si mantenemos estas áreas equilibradas, podemos asegurarnos de que estamos usando con sabiduría las finanzas que Dios nos ha confiado.

Los estadounidenses desperdician más que lo que la mayoría de las sociedades tiene. Es importante que apreciemos lo que tenemos y no lo malgastemos. ¿Alguna vez desperdicio el dinero? Sí, a veces lo hago. Compro café en una tienda especializada en el producto y luego no lo consumo, eso es desperdicio. Me gusta un par de aretes que brillan y destellan, así que los compro y después nunca los uso, porque no vienen bien con nada de lo que tengo. Podría dar otros ejemplos, pero mi intención solo es confesar mi despilfarro antes de hablar del suyo. Estoy segura de que en ocasiones todos desperdiciamos cosas y probablemente esto no sea de modo intencional, pero podemos evitarlo con un poco de planificación.

Todos podemos aprender a derrochar menos y apreciar más lo que Dios nos ha dado. Una de las maneras en que estoy tratando de hacerlo es asegurándome de que uso las cosas en las que gasto el dinero, y si no voy a usarlas, entonces las regalo. También estoy reflexionando bastante en las compras, en especial las grandes, antes de actuar. Por alguna razón una gran cantidad de artículos que parecen muy atractivos en la tienda no resultan tan buenos cuando los traemos a casa. Con frecuencia terminamos arrepintiéndonos de las compras emocionales.

El libro de Proverbios habla con frecuencia sobre la prudencia, lo cual significa simplemente una buena administración. Así que el principio de «dar, gastar y ahorrar» representa la prudencia en acción. La Palabra de Dios nos urge con fuerza a darle a Dios la primera porción de todos nuestros ingresos. Personalmente, creo en el diezmo, el cual significa dar el primer diez por ciento de lo que hemos ganado. Además, no pienso que debemos detenernos ahí, sino más bien ser muy generosos, y cuando lo somos, no nos faltará.

> *Den, y recibirán. Lo que den a otros les será devuelto por completo: apretado, sacudido para que haya lugar para más, desbordante y derramado sobre el regazo. La cantidad que den determinará la cantidad que recibirán a cambio.*
>
> Lucas 6:38 (NTV)

Cuando trabajamos duro, es bueno para nosotros cosechar alguna recompensa, así que resulta prudente gastar algo de lo que usted gana en cosas que desea disfrutar. No quiere ser egocéntrico, pero siempre negarse a sí mismo no es una buena política, y además, si lo hace, terminará resintiéndose y sintiendo que su trabajo nunca produce nada para usted personalmente. La Biblia enseña que no debemos ponerle bozal al buey mientras está trillando para impedirle que coma el grano (véase 1 Timoteo 5:18). En otras palabras, todos, incluso los animales, necesitan disfrutar de una parte de lo que cosechan por su labor.

También es sabio ahorrar algo de todo lo que ganamos. Cuando lo hacemos, nos encontramos preparados para cualquier gasto inesperado que pueda surgir. Seremos capaces de ayudar a otros en sus emergencias, y eliminaremos una gran cantidad de temores y preocupaciones con respecto a lo que haremos si se presentan ciertas cosas y no tenemos dinero.

La Biblia nos cuenta una historia de un hombre rico que se había quedado sin espacio para almacenar sus cosechas, y mientras considera qué hacer, decide construir graneros más grandes y almacenar cada vez más y más. Él no estaba dándole uso a lo que tenía, sino solo lo admiraba (véase Lucas 12:15–20). Su abundancia lo hizo sentirse seguro, pero se había sentido mucho mejor si hubiera empleado una porción de sus bienes para bendecir a otros y quizás a sí mismo.

La Biblia contiene un fuerte mensaje acerca de ser buenos mayordomos de lo que Dios nos ha dado. Si nuestro recurso es tiempo, dinero, energía o talento, se nos enseña a usarlo con sabiduría. Podemos invertirlo a fin de segar una buena cosecha para Dios. ¡Si no lo usamos, estamos en peligro de perderlo! Cuando hacemos uso de lo que tenemos sabiamente, esto siempre produce más, pero si no hacemos nada debido a la pereza o el temor, perdemos lo que tenemos (véase Mateo 25:14–28).

Maximice su energía

Creo que a todos se nos ha asignado una cierta cantidad de energía en la vida y necesitamos manejarla con sabiduría. Trabajé demasiado duro en los primeros años de mi vida y terminé sin energía por algún tiempo debido a que no disfrutaba de las horas de descanso y sueño apropiadas. No podemos eludir las leyes espirituales que Dios ha establecido en la tierra para que nos gobiernen a todos. Hemos escuchado decir: «No desperdicio, no necesidad», sin embargo, ¿hemos pensado en aplicar este principio a nuestra energía?

Si duermo bien por una suficiente cantidad de tiempo, soy más productiva durante el día. Si vivimos vidas equilibradas cuando estamos en los veinte, treinta, cuarenta y cincuenta, aun tendremos energía suficiente cuando tengamos sesenta, setenta y ochenta. Sea prudente con su energía. No trabaje hasta que se sienta exhausto cada día y no le queden reservas. Afanarnos hasta quedar agotados no es sabio. Esto nos pone de mal humor y nos impide disfrutar de la vida.

Es muy difícil que una persona joven escuche un mensaje

como este, pero Dios ha instituido las leyes del descanso, y si nos regimos por ellas, lo agradeceremos después.

Además del descanso, también podemos usar sabiamente la energía que tenemos de otros modos. Enojarse, por ejemplo, requiere una gran cantidad de energía emocional, ¿por que hacerlo entonces? Esto no beneficia en nada a nuestra vida, pero sí la daña bastante. Preocuparse también consume una gran cantidad de energía y es un desperdicio total. Tratar de controlar a las personas y de que hagan lo que pensamos que deben hacer resulta extenuante y nunca funciona, así que podemos ser sabios y evitar hacerlo. Para ser honesta, si le prestamos atención a lo que nos agota y comenzamos a eliminar esas cosas de nuestra vida, podríamos tener energía para dar.

Maximice su talento

Todos hemos sido dotados de alguna forma, y podemos usar esos dones para beneficio de Dios y los demás. Los talentos que poseemos nos han sido dados para otras personas, para su bienestar y disfrute. Una gran cantante nos entretiene. Su don requiere que ella se esfuerce, pero al ejercerlo se siente realizada, y nosotros a su vez somos deleitados y bendecidos.

Debemos apreciar todos los talentos de la misma manera. ¿Qué tal si nadie tuviera la habilidad para ser constructor, doctor o dentista? ¿Qué tal si nadie pudiera tocar un instrumento musical, enseñar o cocinar?

> *Los talentos que poseemos nos han sido dados para otras personas.*

No derroche su vida desperdiciando sus habilidades. Encuentre un empleo donde haga uso de sus dones y amará su trabajo. Todos nos sentimos realizados y satisfechos cuando estamos haciendo lo que Dios se propuso que hiciéramos. En lo personal trabajo duro, pero estoy haciendo lo que estoy supuesta a hacer, por lo tanto, no me siento estresada. Es un gozo y encuentro satisfacción al hacerlo.

Somos mayordomos de todo lo que Dios nos ha dado, y Él nos pide que seamos fieles. ¡Siempre nos recompensa por un trabajo bien hecho! Más que nunca, determine no desperdiciar sus recursos. Ore y pídale a Dios que le muestre áreas en las que puede ser más prudente. Creo que Dios nos da más que suficiente de todo lo que necesitamos en la vida, y si lo manejamos bien, no careceremos de ninguna cosa buena.

Resumen del capítulo

- Lo que usted hace hoy es importante, porque está cambiando un día de su vida por esto.
- Dios no desea que usted desperdicie su vida. Él quiere que la invierta y produzca mucho fruto.
- Incluso si tiene que «hacerlo con temor», esfuércese en aprovechar cada oportunidad que Dios le pone enfrente.
- La prudencia financiera le impedirá derrochar los recursos que Dios le ha dado.
- Resulta importante que empleemos los recursos del descanso y la energía con sabiduría.
- Los dones que posee resultarán mejores cuando glorifican a Dios y animan a otras personas.

CAPÍTULO 18

Divise el final desde el principio

El hombre exitoso es un hombre promedio, enfocado.
Autor desconocido

En 1952, una mujer llamada Florence Chadwick fue la primera fémina que intentó nadar las veintiséis peligrosas millas [cuarenta y dos kilómetros] entre la Isla Catalina y la línea costera de California. Mientras comenzaba su histórica jornada, la rodearon pequeñas embarcaciones conducidas por personas que se mantenían vigilando a los tiburones y listas para ayudarla si ella resultaba lesionada o la vencía el cansancio.

Durante horas Florence nadó interrumpidamente, pero después de alrededor de quince horas se levantó una niebla que entorpeció su visibilidad y apagó su espíritu. Florence comenzó a tener serias dudas de que pudiera alcanzar su objetivo. Ella le dijo a su madre, quien iba en una de la embarcaciones, que no pensaba que podría lograrlo. Nadó por otra hora, pero al final renunció. Mientras la sacaban del agua, descubrió que había dejado de nadar a solo una milla [alrededor de un kilómetro y medio] de la costa de California. Más tarde, Florence explicó que se había rendido porque la espesa niebla le impedía ver la costa. Ella no pudo distinguir su meta.

A pesar de lo triste que pueda parecer, esta historia tiene un final feliz. Florence regresó al agua dos meses después, decidida a intentarlo una vez más. Y esta vez los resultados fueron muy diferentes. A pesar de que se levantó la misma niebla densa, ella no se rindió por segunda vez. Nadó desde la Isla Catalina hasta la costa de California en línea recta por veintiséis millas. Cuando le preguntaron qué había sido diferente esta vez, ella contestó que mientras nadaba, mantuvo la imagen de la costa en su mente, y de esta forma alcanzó su meta.[25]

Sin que importe si su meta es ganar una medalla de oro en algún deporte que le guste o perder veinte libras, necesitará mantener la meta frente a usted, en especial durante esos tiempos nublados en los que se siente cansado y la jornada parece demasiado larga.

> *Tus ojos miren lo recto, y diríjanse tus párpados hacia lo que tienes delante.*
>
> Proverbios 4:25

Como una comida muy bien preparada, una vida «a propósito» tienen muchos ingredientes esenciales: determinación, administración del tiempo, programación y planificación, perseverancia y sabiduría, solo por nombrar algunos. Todos estos elementos resultan importantes, pero quizás el elemento que los reúne es el «enfoque».

El enfoque es la atención dirigida. Significa tener una meta, apuntar a un blanco, y no distraerse con facilidad. El enfoque implica la determinación para perseguir un objetivo y no permitir que otras cosas nos aparten de él.

Leí que el gran golfista Ben Hogan tenía un tremendo enfoque. Se cuenta que Hogan se encontraba en un punto crucial en un torneo de golf cuando de repente un ruidoso tren pitó en la distancia.

Hogan no pestañó. Él hizo el tiro al hoyo. Más tarde, cuando le preguntaron si el pitido del tren lo había molestado, preguntó: «¿Qué pitido?».[26]

Ben Hogan tenía talento, pero ese no era su más grande ventaja. Hay muchas personas talentosas a las que no les va muy bien en la vida. No tenemos que ser especialmente talentosos o mentalmente brillantes a fin de lograr grandes cosas, pero como afirma la cita que aparece al principio de este capítulo: «¡El hombre exitoso es un hombre promedio, enfocado!».

Con frecuencia aquellos que logran muy poco en la vida asumen que no son tan talentosos o brillantes como otras personas, pero si estudian y emulan a aquellos que logran grandes cosas, observarán que la habilidad para perseguir un objetivo (enfoque) fue la principal disciplina que los hizo exitosos. Solo un poco de investigación en la historia revela el hecho de que las personas comunes hacen cosas extraordinarias si aplican las reglas apropiadas a su vida.

Zig Ziglar dijo: «No importa cuánto poder, brillantez o energía usted tenga, si no los emplea y se enfoca en un objetivo específico, y persevera en él, nunca va a lograr tanto como su habilidad promete».[27]

¿Debemos simplemente culpar a las distracciones si no podemos permanecer enfocados? Ben Hogan no lo hizo, y tampoco nosotros debemos hacerlo. Él había desarrollado la habilidad para vivir con un propósito inalterable.

Quizás más que nunca, vivimos en una sociedad llena de distracciones. ¡No podemos impedir que el pitido suene! En esta era digital siempre hay una nueva pantalla que mirar, una nueva tecla que apretar, un nuevo correo electrónico que redactar y una nueva red social que actualizar. Esas realidades modernas no son cosas malas, pero pueden distraernos. Es fácil estar tan preocupados con las cosas pequeñas que nos olvidemos del panorama general. A pesar de lo beneficioso que los medios sociales han llegado a ser, también son una de las más grandes distracciones en la vida de muchas personas. ¡Así que debemos usarlos con prudencia y no permitir que nos controlen!

La tecnología no es la única distracción en nuestra vida. Los horarios agitados, las comparaciones poco saludables las presiones financieras, las opiniones de los demás y muchas otras cosas causan que perdamos de vista lo que es importante. Sin embargo, si vamos a cumplir las metas que tenemos y disfrutar nuestra vida en Cristo, es necesario que aprendamos el arte de mantenernos enfocados.

Con la ayuda del Espíritu Santo, cada uno de nosotros

puede encontrar nuestro camino al enfoque. Dave puede sentarse a leer y nunca perder su enfoque con todo tipo de conmociones teniendo lugar a su alrededor. Él sufre de tinnitus o acúfenos en los oídos, que no es más que escuchar zumbidos o sonidos agudos. No obstante, asegura que no le molesta en lo absoluto, ya que no se enfoca en esto. Nuestra familia a menudo comenta: «Dave vive en su propio mundo pequeño». En realidad, se ha entrenado a sí mismo para enfocarse en lo que desea en lugar de en todas las distracciones que lo rodean.

No todos pueden permanecer enfocados con tanta facilidad como Dave, pero podemos encontrar nuestra propia manera de lograrlo. Podemos necesitar tomar medidas para retirarnos a lugares tranquilos o dejar los artículos tecnológicos en otra habitación, pero el Espíritu Santo nos guiará si le prestamos atención.

Paciencia

La paciencia juega un papel importante en el logro exitoso de cada meta que es alcanzada. Pocas cosas suceden tan rápido como nos gustaría o esperamos que sucedan. Cuando usted dé el primer paso para alcanzar una meta, decida que va a llegar al final sin importar el tiempo que se necesite.

> Cuando usted dé el primer paso para alcanzar una meta, decida que va a llegar al final sin importar el tiempo que se necesite.

Tener la actitud correcta desde el principio es un ingrediente clave para alcanzar su objetivo. Tenga en mente lo que quiere lograr y evite enfocarse en cuán larga y difícil es la jornada. Cuando se vea tentado a perder su enfoque y distraerse, pregúntese cómo se sentirá al final del día si se permite entretenerse con una cosa y otra en lugar de mantenerse persiguiendo su objetivo. Recuerde que la realización y la satisfacción personal son algunos de los mejores sentimientos en el mundo. Simplemente nos hace sentir bien saber que nos gobernamos a nosotros mismos de la manera correcta.

Aun cuando se distraiga por un período de tiempo, manténgase regresando a su plan original para el día. No se permita sentirse culpable; la culpa es una pérdida de tiempo. Comience pacientemente de nuevo donde lo dejó y continúe hasta que alcance su meta.

Steve Jobs dijo: «El enfoque tiene que ver con decir que no».[28] Todos podemos desarrollar la habilidad de decir que no a muchas cosas a fin de enfocarnos en una sola. Cuando el apóstol Pablo afirmó que su única aspiración era olvidar lo que quedaba atrás y avanzar hacia lo que tenía por delante, quiso dar a entender, al menos en parte, que sabía decir que no. Él le dijo que no a la culpa y a los pensamientos que lo mantenían atrapado en el pasado. Se enfocó en la meta de ganar el premio que Dios le había ofrecido en Cristo (véase Filipenses 3:13–14).

Nunca alcanzaremos por completo algunas de nuestras metas espirituales en esta vida, pero pacientemente continuamos perseverando en ellas. Me gustaría no hacer jamás nada mal, y amar a todos de una forma perfecta, pero no lo he logrado y no lo haré hasta que esté en el cielo. Sin embargo, ahora me siento obligada por mi amor a Dios a continuar avanzando hacia la meta.

¡Nunca se rinda!

A menudo he dicho que la única cosa que he hecho que me ha ayudado más a alcanzar mis metas es que no me he rendido. No se requiere ningún talento especial para rendirse, pero se necesita enfoque y determinación para negarse a hacerlo. No rendirse es especialmente difícil en la etapa de colocar los cimientos. Unos cimientos fuertes resultan vitales para el éxito del resto de lo que queremos edificar en la vida.

Cuando plantamos una semilla, tenemos que renunciar a ella y no ver por un largo tiempo algo que nos indique

que nuestro sacrificio ha valido la pena. No obstante, con el tiempo, un diminuto tallo emerge de la tierra y crece hasta convertirse en algo bello y asombroso. Crece hasta llegar a ser una cosa que los otros pueden disfrutar.

En vez de renunciar cuando no ve nada en lo natural, recuerde cómo Florence Chadwick nadó a través de la niebla hacia la costa. Prepare su mente para mantenerse nadando mientras mantiene el litoral (su meta) en mente.

He tenido muchas metas en mi vida. La idea de en realidad alcanzar la mayoría parecía bastante imposible al inicio, pero un buen número de ellas ya son una realidad en mi vida ahora. Soy una persona bastante común, pero «me mantengo intentándolo» y no tengo planes de rendirme.

No permita que las cosas ordinarias lo detengan o le impidan intentar hacer algo grande.

No permita que las cosas ordinarias lo detengan o le impidan intentar hacer algo grande. Recuerde que la mayoría de los hombres y mujeres sobre los que leemos en la Biblia, aquellos a los que llamamos héroes de la fe, fueron personas muy comunes. Eran pescadores, recaudadores de impuestos, antiguas prostitutas, pastores, doncellas... ¡e incluso una mujer que había estado poseída por los demonios! Nadie está exento de que Dios lo use. ¡Todo lo que se necesita para triunfar es fe en Dios y determinación!

Usted encontrará su camino si se mantiene avanzando. Nosotros aprendemos cómo continuar. Por ejemplo, yo tuve que aprender que no podía hacer todo lo que me entusiasmaba, pero una vez que supe en qué enfocarme, estuve en camino al éxito.

Aferrarse a sus sueños es difícil en los años de la colocación de los cimientos, pero si tiene paciencia durante esa etapa, la edificación perdurará. No se desanime si ha plantado una semilla y no ve una cosecha aún. Solo manténgase confiando en Dios y haciendo el bien (Salmo 37:3), y pronto verá evidencias de la cosecha.

Raíces fuertes

Si queremos lograr buenos frutos, debemos ser lo suficiente pacientes para desarrollar raíces fuertes. Desperdicié una gran cantidad de tiempo intentando construir un ministerio sin edificarme espiritualmente a mí misma primero. Necesitamos tiempo para llegar a estar enraizados y cimentados en Cristo como se nos instruye (véase Colosenses 2:7). Jesús debe ser el fundamento de todo lo demás en nuestra vida. Pienso que es bastante acertado afirmar que la mayoría de las personas que fracasan en la vida, o que deambulan por la vida sin lograr en realidad nada, lo hacen porque fallan en poner a Dios primero en todo momento. Poner a Dios primero significa estudiar su Palabra, orar, tener comunión con Él, conocer cuál es su voluntad y perseguirla de cualquier manera posible. ¡Ame a Dios primero y probablemente terminará recibiendo todas las cosas que ama! Cristo debe ser el fundamento de nuestra vida. Dedicar el tiempo para construir una relación fuerte con Él asegurará que su vida se edifique sobre un terreno firme.

A menos que mantengamos a Dios primero en nuestra vida, no contaremos con la suficiente energía para lograr lo que tenemos la intención de hacer, ni tampoco podremos hacerlo con paz y gozo. Hay personas que logran cosas grandes sin apoyarse en Dios, pero con frecuencia son desdichadas en el proceso, y hacen infelices a las personas a su alrededor también. Hemos sido creados por y para Dios, y nada realmente funciona bien sin Él.

He descubierto en mi jornada con el Señor que aprendemos mientras avanzamos en fe e intentamos las cosas, no cuando nos sentamos ociosamente y no hacemos nada. He conocido a muchas personas en mi jornada, y he aprendido qué hacer de algunas de ellas y qué no hacer de otras. ¿No les parece esto extraño? Si es así, lo entiendo, pero permítame explicarle.

Obviamente, aprendo cosas buenas de las personas, pero

he descubierto que puedo aprender aun más observando los errores que la gente comete y no repitiéndolos. Por ejemplo, he sabido lo que es tener un jefe que maltrata a sus empleados, así que aprendí a no hacerlo. He estado con personas que se niegan a admitir que están equivocadas y sus conductas han resultado tan perturbadoras que he aprendido a no imitarlas. He estado con individuos orgullosos y que no hablan de nada excepto de sí mismos y sus ministerios, y he decidido no hacer lo mismo. Podría continuar, pero creo que ha captado la idea.

Preste atención a las cosas que las personas hacen que lo lastiman, y tome la decisión conciente de no hacérselas luego a otros.

Un error que nuca queremos cometer

Un error que he visto cometer a otros y que nunca quiero repetir es observar cómo alguien prometedor y con grandes oportunidades por delante se da por vencido. Sí, las personas se rinden porque el camino es difícil, la jornada transcurre lenta o llegan a sentirse cansados, y algunos caen en el pecado y nunca se recuperan. Es una cosa triste de observar y algo que nunca he querido hacer. ¡No cometa este error de permitir que sus errores lo hagan rendirse!

> ¡No cometa este error de permitir que sus errores lo hagan rendirse!

Usted puede recuperarse de sus errores, ya que Dios es perdonador y misericordioso, pero no podrá recuperarse si se rinde. Créame cuando le digo que todos cometemos errores, y una gran cantidad de ellos. Dios sabe que arruinaremos las cosas, y es por eso precisamente que envió a Jesús a perdonarnos y al Espíritu Santo para que nos ayudara. Sin embargo, el Espíritu Santo nunca lo ayudará a rendirse, porque Dios tiene un plan y un propósito para su vida. Así que no importa dónde se encuentre en el camino de la vida, manténgase corriendo la carrera. Tenga la línea de llegada en mente y permanezca enfocado en ella.

> *¿No saben que en una carrera todos los corredores compiten, pero sólo uno obtiene el premio? Corran, pues, de tal modo que lo obtengan.*
>
> 1 Corintios 9:24 (NVI)

Resumen del capítulo

- A fin de aprovechar el día, establezca metas y vaya tras ellas con todo su corazón.
- Las personas comunes hacen cosas extraordinarias si aplican las reglas apropiadas a su vida.
- Si vamos a cumplir las metas que tenemos y disfrutar nuestra vida en Cristo, es necesario que aprendamos el arte de mantenernos enfocados.
- Comience pacientemente de nuevo donde lo dejó y continúe hasta que alcance su meta.
- Nadie está exento de que Dios lo use. ¡Todo lo que se necesita para triunfar es fe en Dios y determinación!
- Aprendemos mientras avanzamos, no cuando nos sentamos ociosamente y no hacemos nada.

CAPÍTULO 19

Encuentre fortaleza para la jornada

Dios es nuestro amparo y fortaleza, nuestro pronto auxilio en las tribulaciones.

Salmo 46:1

Muchos descubren que tienen el deseo de hacer algo, pero no la fuerza para la jornada. Dios es nuestra fortaleza, así que si estamos intentando avanzar sin ponerlo a Él primero, fracasaremos. Nuestras propias fuerzas fracasarán. Incluso los hombres jóvenes y fuertes tienen sus límites (véase Isaías 40:30), pero con Dios no conoceremos límites siempre que permanezcamos enfocados en sus metas para nosotros en lugar de en las propias. ¡No podemos hacer nada que queramos hacer, pero podemos hacer cualquier cosa que Él desee que hagamos!

Aun cuando estamos persiguiendo algo que es la voluntad de Dios, necesitamos descansar y apoyarnos en Él y confiar en que será nuestra fortaleza a cada paso del camino. El error más grande que probablemente cometamos es tratar de «hacerlo por nosotros mismos». Las Escrituras nos advierten del peligro de apoyarnos en la fragilidad humana, y esto incluye a los demás y a nosotros mismos. El profeta Jeremías lo dijo muy bien:

> *Esto dice el Señor: «Malditos son los que ponen su confianza en simples seres humanos, que se apoyan en la fuerza humana y apartan el corazón del Señor».*
>
> Jeremías 17:4 (NTV)

Saber qué hacer, e incluso cómo hacerlo, no significa que tengamos la fortaleza que requiere una tarea hasta que la finalicemos. ¡Podemos avanzar haciendo uso solo de la fuerza de voluntad por una corta distancia, pero toda nuestra determinación personal a la larga desaparecerá sin la ayuda de Dios! La disciplina y el dominio propio son ambos cosas buenas y necesarias, sin embargo, ¿de dónde obtendremos la fortaleza para ejercerlos? Sabemos que no debemos rendirnos, ¿pero dónde hallaremos la fortaleza para salvar la distancia en una carrera que es mucho más larga de lo que pensamos que podría ser? La recibimos de Dios, que es la fuente de toda fortaleza.

Cuando Jesús dijo: «Separados de mí nada podéis hacer» (Juan 15:5), en realidad quería decir exactamente lo que dijo. Jesús invita al cansado a venir a Él y encontrar descanso de su trabajo (véase Mateo 11:28). Podemos actuar sin Jesús, pero nuestras obras serán en vano y terminaremos agotados.

Reciba gracia

¡Somos salvados por gracia, y también podemos aprender a vivir por gracia! Cada día necesitamos a Jesús y su asombroso don de la gracia, tanto como lo necesitamos el mismo día que nacimos de nuevo. Necesitamos su favor inmerecido, su ayuda y su poder para hacer lo que precisamos llevar a cabo en la vida. No podemos ganarnos o merecernos la gracia, porque esta es un regalo gratuito, pero necesitamos recibirla a través de la fe. Puedo ofrecerle a alguien en necesidad veinte dólares, pero eso no garantiza que vaya a recibir mi gracia.

Me gusta pensar que la gracia es el poder que me salva del pecado y el poder que me capacita para vivir la vida que Dios desea que viva. Por ejemplo, Dios quiere que sea amorosa, paciente y bondadosa, pero necesitamos su gracia (poder) para hacerlo. Dios quiere que enfrente cualquier cosa que venga con un buen estado de ánimo, pero necesito su gracia (poder) para lograrlo. Dios quiere que enseñe su Palabra, pero necesito su gracia (poder) a fin de cumplir con la tarea.

El apóstol Pablo habló de una espina en su carne que le había pedido a Dios que le quitara. No sabemos con certeza qué era esta espina, pero podemos discernir que atormentaba y perturbaba a Pablo. Como la mayoría de nosotros haría, el apóstol le rogó a Dios que se la quitara. La solución fácil para él fue: «*¡Dios, si tú me libras de esto, entonces podré comportarme de la forma en que debo!*». Sin embargo, Dios le contestó que su gracia era suficiente para posibilitarle lidiar con el problema (véase 2 Corintios 12:7–9). Dios no eliminó la dificultad, pero fortaleció a Pablo en su debilidad. Que Dios lo hubiera librado de la espina podría haber sido una manifestación de su gracia, pero facultar a Pablo para que soportara el problema fue también una manifestación de la gracia de Dios.

Ya sea que necesitemos ser capaces de enfocarnos más, ser más determinados o más organizados, necesitamos la gracia de Dios (su inmerecido favor y poder) para lograrlo. Si necesitamos cambiar una actitud o conducta, no podemos hacerlo por medio de una lucha y un esfuerzo carnal. Precisamos la ayuda y el poder de Dios a fin de lograrlo.

¡Pida!

La manera de obtener la ayuda de Dios es simplemente pidiéndola. Usted puede esperar hasta que la requiera para pedirla, o puede solicitarla antes de que surja la necesidad, ya que sabe que sin la ayuda de Dios no tendrá éxito en cualquier cosa que intente hacer.

Cuando voy al gimnasio a ejercitarme, no espero a estar exhausta y sentir que ya no puedo seguir para pedir ayuda. ¡La pido en mi camino al lugar! Sé con anticipación que sin Él ni siquiera voy a querer ir, sin hablar de hacer todo lo que estoy supuesta a hacer una vez que esté allí. Siempre deseo tratar a las personas de la forma en que Jesús lo haría, y estoy bastante segura de que no lo conseguiré a menos que Dios me ayude, así que pido a diario que el fruto del Espíritu Santo fluya a través de mí y mi personalidad.

¡Dios quiere que dependamos de Él para todas las cosas! Él es la Vid y nosotros las ramas que llevan el fruto (véase Juan 15:5, NVI). Las ramas continuamente obtienen la fortaleza que les da vida a partir de la vid. Es la vida que fluye a través de ellas lo que causa que el fruto se manifieste en las ramas. Si hay algunas hojas muertas obstinadas colgando de las ramas desde el año pasado, la nueva vida que produce los nuevos brotes las hará caer. De la misma forma, usted no tiene que luchar para cambiarse a sí mismo, ya que es transformado por la gracia (el favor inmerecido y el poder) de Dios. A fin de llevar fruto en cualquier ámbito de la vida, solo permanezca conectado a la Vid (Jesús).

> Usted no tiene que luchar para cambiarse a sí mismo, ya que es transformado por la gracia (el favor inmerecido y el poder) de Dios.

Hay varias escrituras que me digo a mí misma o abro la Biblia y leo cuando quiero recordarme el poder que hay en simplemente pedirle a Dios que me ayude. Estas son: Santiago 4:2, Juan 16:24, Mateo 7:7–8, Juan 14:13–14 y Juan 15:7. Le estoy dando con toda intención solo las referencias de las Escrituras para obligarlo a hacer lo que este libro plantea: actuar de forma personal.

Busque la información por sí mismo. Cuando lo haga, esto significará mucho más para usted que si yo llevo cabo el trabajo que se requiere en su lugar. Deje el libro a un lado, tome su Biblia, y busque estas cinco escrituras y léalas en voz alta. Se sentirá más inclinado a pedirle a Dios ayuda que antes de leerlas. Harper Lee, un novelista estadounidense, dijo: «El libro que debe leer no es aquel que piensa por usted, sino el que lo hace pensar. No hay libro en el mundo que iguale a la Biblia para lograr esto».[29]

Las cosas parecen significar más cuando hacemos un esfuerzo personal que cuando nos alimentamos con el trabajo de otra persona. Estoy agradecida por las computadoras y toda la información que está disponible para mí solo al presionar una tecla, y las uso casi a diario. Sin embargo, para ser muy honesta, me siento más agradecida todavía por todos los años anteriores a las computadoras, cuando tenía que buscar y estudiar, algunas veces por horas, para aprender lo que las personas hoy pueden conocer con un toque de sus dedos. ¿Por qué? Porque el esfuerzo que hice para aprender provocó que lo considerara extremadamente valioso para mí. Una de las cosas por las que le doy gracias a Dios con regularidad es por lo que he aprendido, y esto no ha sido descargado en mi corazón desde un disco.

Usted puede mejorar su experiencia de los servicios de la iglesia diez veces al tomar notas de los versículos de las Escrituras que su pastor o el maestro bíblico usa cuando comparte la Palabra de Dios, y luego ir a casa y buscarlos, leerlos y meditar en ellos. Además de estudiar la Palabra de Dios personalmente, rodéese también de buenos recursos que contengan las enseñanzas sobre la Palabra de Dios de alguna persona que el Señor haya ungido para enseñar. Los devocionales, libros y mensajes grabados son recursos muy buenos. Incluso algunas placas decorativas colocadas en su casa que muestren versículos de las Escrituras son beneficiosas.

Una amiga mía es muy dotada y tiene un fuerte deseo de ministrarles a las personas, pero a veces ha experimentado algo de frustración porque las puertas correctas no se han abierto para ella. Me he sentido guiada por el Señor a animarla a servirlo con alegría, según señala Salmo 100. Cuando servimos a Dios con alegría, podemos disfrutar nuestro tiempo de espera para que Él nos conduzca a lo próximo que vamos a hacer. Hace poco hablé con ella, y cuando le pregunté qué estaba haciendo, me dijo: «He pintado en la pared de mi oficina: "¡Sirve al Señor con alegría!"». Personalmente, he usado muchos recordatorios como ese en mi caminar con Dios y descubierto que son muy útiles. Mantenga la Palabra de Dios y su visión frente a usted y eso lo ayudará a seguir avanzando.

Comience su día de la forma correcta

¡Una de la mejores formas de aprovechar cada día al máximo es comenzándolo con Dios! Fórmese el habito de comenzar a hablar con él incluso antes de salir de la cama. Agradézcale por otro día, y pídale que lo ayude a vivirlo de una forma que a Él le agrade. Puede mencionar las cosas que sabe que necesita hacer durante el día y pedirle su ayuda para realizarlas bien. Si tiene una reunión que lo intimida, no solo apriete los dientes y «trate» de salir del apuro, sino pídale a Dios que lo ayude a hacerlo con buena actitud. ¡Incluso puede pedirle que lo ayude a disfrutar el encuentro!

Cada día es parte de nuestra jornada con Dios, y debemos encontrar fortaleza para la jornada buscándolo a Él primero y continuamente. No hay nada que resulte más vital para vivir una vida eficaz, intencional y «a propósito» que pasar un tiempo a diario con Dios. Esta es una verdad bíblica fundamental para cualquier creyente que desea ir más allá de la vida ordinaria y vivir la vida extraordinaria que Jesús obtuvo para nosotros por medio de su muerte en la cruz.

La Biblia nos enseña que Dios es la Fuente de todas las cosas (véase 1 Corintios 8:6). Debido a que es nuestra Fuente, el tiempo diario que pasamos con Él es más que un compromiso devoto. ¡Es una oportunidad divina! Representa nuestra oportunidad a fin de ser fortalecidos, animados, sanados, equipados y llenos de poder para el día que tenemos por delante.

> *No hay nada que resulte más vital para vivir una vida eficaz, intencional y «a propósito» que pasar un tiempo a diario con Dios.*

Usted puede considerar su tiempo con Dios como una ocasión para recargas sus baterías. Mi esposo tiene un carrito de golf eléctrico que conduce hasta el campo de golf que se encuentra cerca de nuestra casa. Cuando él llega a casa de regreso, siempre lo conecta de modo que esté cargado la próxima vez que desee utilizarlo. En ocasiones, si uno de nuestros hijos lo ha usado para llevar a sus chicos a dar un paseo por el vecindario y se olvida de conectarlo, Dave se ha sentido decepcionado y no muy feliz cuando ha querido usarlo y no tiene carga.

Si fallamos en conectarnos a Dios al pasar tiempo con Él, nos sentiremos decepcionados e infelices cuando descubramos que necesitamos energía y no tenemos. Corte una rama de la vid y obsérvela por unos días a manera de experimento. ¡Cada día lucirá más marchita y en poco tiempo habrá muerto! Eso es lo que nos sucede a nosotros también. Separados de la Vid (Jesús), no transcurre mucho tiempo antes de que perdamos nuestra vitalidad, energía, fervor, entusiasmo, pasión, determinación y gozo. ¡Él es nuestra Fuente!

De la misma forma que un río es solo tan fuerte como su fuente, usted yo somos tan fuertes como lo sea nuestra conexión con Dios. Cuando nos proponemos pasar tiempo con Él al estudiar su Palabra y hablarle, agradecerle y adorarlo, seremos llenos de sabiduría, fuerza y coraje para cualquier cosa que se nos presente sin importar cuán desafiante pueda ser.

David pasó tiempo adorando a Dios (véase Salmos 5:7). María se sentó a los pies de Jesús (véase Lucas 10:39). Moisés subió a la montaña a encontrarse con Dios (véase Éxodo 19:3). Incluso Jesús empleó un tiempo para alejarse de las multitudes y orar (véase Marcos 1:35). Si el «tiempo con Dios» fue importante para ellos, este ciertamente debe ser importante para nosotros.

Hudson Taylor dijo: «No tenga su concierto primero y afine sus instrumentos después. Comience el día con la Palabra de Dios y ore, y esté en armonía con Él primero que todo».[30]

Muchas familias se parecen a una banda en la que cada uno interpreta una canción diferente y ninguno de sus instrumentos ha sido afinado. Ellos comienzan a discutir unos con otros desde el mismo momento en que salen de la cama. ¡Las cosas podrían ser muy diferentes si hubieran pasado tiempo con Dios primero!

Sí, se requiere tiempo a fin de prepararse apropiadamente para otro día, pero muchos sentimos que no podemos encontrar el tiempo. Después de todo, ya estamos demasiado ocupados.

> Usted nunca encontrará tiempo para nada. Si quiere tiempo, debe crearlo.
>
> (Charles Buxton, filántropo inglés, escritor y miembro del Parlamento)[31]

¿Por qué es tan importante para nosotros estudiar la Palabra de Dios con regularidad? Esto resulta más importante que tener una educación universitaria. ¿Cómo podemos conocer la voluntad de Dios a menos que estudiemos su Palabra? No podemos y nunca nos será posible. Quizás algunas personas no la estudian porque piensan que su estilo de vida puede ser confrontado por lo que leen. Admito que cuando estudio la Palabra de Dios con frecuencia siento que me reprueba. Eso es bueno para mí y me ayuda a permanecer en lo que llamo la «zona segura» de la vida. No temo en forma alguna las correcciones, sino más bien estoy agradecida por ellas. La Palabra de Dios me ayuda. Hay un poder en ella que me capacita para hacer lo que debo, y un poder que me capacita para no hacer lo que no debo.

Cualquier tiempo que usted pase con Dios en realidad le ahorrará mucho tiempo después. Martin Luther dijo brillantemente que él había llegado a estar tan ocupado, que ahora tenía que pasar tres horas cada mañana en oración a fin de poseer la sabiduría y la fortaleza para manejar el resto de su día. No debe asombrar que él impactara a la iglesia para siempre con su revelación de que somos salvados por la gracia y no por las obras.

> Cualquier tiempo que usted pase con Dios en realidad le ahorrará mucho tiempo después.

Es obvio que él trabajaba duro, pero solo después de haber recibido suficiente poder para el día a través de su tiempo con Dios.

Solo imagine el mundo tan diferente en el que podríamos vivir si todos en el planeta pasaran tiempo con Dios cada mañana estudiando la Biblia y orando. Todas las desgracias como el egoísmo, el crimen la violencia, la injusticia, la opresión la esclavitud y la guerra resultan de despreciar o descuidar los preceptos contenidos en la Biblia, pero si las personas los estudiaran a diario, el mundo podría ser un lugar diferente.

No podemos tomar decisiones por otras personas, pero podemos decidir por nosotros mismos. He hecho mi decisión, y he visto el resultado en mi vida. Dios es mi fortaleza y una ayuda presente en cada problema. Él es quien hace mi vida posible. Cada día es un regalo, y yo escojo aprovecharlo y hacer lo más que pueda con él, y le urjo a hacer lo mismo.

Resumen del capítulo

- Dios siempre le dará la fortaleza para que haga las cosas que lo llama a hacer y viva la vida que Él tiene la intención que usted viva.
- La gracia es el poder que me salva del pecado y el poder que me capacita para vivir la vida que Dios quiere que viva.
- La manera de obtener la ayuda de Dios es simplemente pidiéndola.
- A fin de llevar fruto en cualquier ámbito de la vida, solo permanezca conectado a la Vid (Jesús).
- Lo mejor que usted puede hacer para aprovechar cada día al máximo es comenzarlo con Dios.

CAPÍTULO 20

Domine sus pensamientos

Destruimos argumentos y toda altivez que se levanta
contra el conocimiento de Dios, y llevamos cautivo todo
pensamiento para que se someta a Cristo.

2 Corintios 10:5

La Palabra de Dios nos instruye a tomar el control de nuestros pensamientos. Debemos aprender lo que dicen las Escrituras y luego dominar cualquier pensamiento que no se corresponda con ellas. De acuerdo al apóstol Pablo, llevamos nuestros pensamientos y propósitos cautivos a la obediencia a Cristo. Debemos «desterrar» los pensamientos, teorías, imaginaciones y razonamientos equivocados. La Biblia nos enseña a entregarle nuestras preocupaciones a Dios, expulsar los demonios y reprimir nuestros malos pensamientos. Todas estas cosas requieren una acción a fin de deshacernos de algo. Esto me recuerda la palabra *dominar*, la cual es una palabra activa y dinámica.

La acción es necesaria a fin de dominar o controlar nuestros pensamientos. Resulta fácil sentarnos ociosamente y meditar en cualquier cosa que surja en nuestra mente, pero esa no es la voluntad de Dios. Él quiere que usemos nuestro libre albedrío para someter a cualquier pensamiento que no se corresponda con su voluntad.

Algunos pensamientos son buenos, positivos, energizantes, amorosos y beneficiosos, pero no todos lo son. La mente constituye en realidad un campo de batalla en el cual contendemos con el diablo. Se nos instruye a derribar las fortalezas que existan en la mente. Una fortaleza es un área en la cual el enemigo se atrinchera y oculta, esperando no ser detectado y que así pueda producir destrucción.

Satanás trabaja incansablemente para instilar mal, pecado y pensamientos venenosos en nuestra mente. Su esperanza es que pasen inadvertidos y que aceptemos pasivamente tales pensamientos como nuestros y luego meditemos en ellos hasta que se conviertan en una realidad en nuestra vida. Sin embargo, la buena noticia es que tenemos armas que podemos usar para derrotar a Satanás.

> *Porque las armas de nuestra milicia no son carnales, sino poderosas en Dios para la destrucción de fortalezas, derribando argumentos y toda altivez que se levanta contra el conocimiento de Dios, y llevando cautivo todo pensamiento a la obediencia a Cristo.*
>
> 2 Corintios 10:4–5

Al estudiar los versículos 4 y 5 juntos, podemos darnos cuenta rápidamente de que estamos en una guerra y tenemos armas que podrán destruir fortalezas si las usamos apropiadamente. Al emplear estas armas, nos deshacemos de todos los pensamientos malos. Nuestra arma es la Palabra de Dios, y esta puede utilizarse de varias formas. Podemos *comparar* nuestros pensamientos con la Palabra y, cuando no coincidan, modificarlos y llegar a un acuerdo con Dios. Podemos *meditar* en la Palabra y esto nos ayudará a renovar nuestra mente y pensar cosas buenas y beneficiosas. Podemos también *declarar* la Palabra en voz alta, lo cual nos ayudará a interrumpir cualquier patrón de pensamiento que estemos experimentando. ¡También podemos orar la Palabra! Podemos acompañar nuestras oraciones con escrituras, recordándole a Dios sus promesas mientras nos instruye qué hacer (véase Isaías 43:26). Asimismo, podemos *escuchar* la Palabra de Dios o *leerla*, lo cual nos ayudará a renovar nuestra mente con respecto al plan de Dios para nuestra vida.

A la Palabra de Dios se le llama «la espada del Espíritu» en la Biblia. Las espadas se emplean en las batallas, y deben siempre estar afiladas y al alcance de la mano para usarlas.

Lo exhorto a que recuerde que la Palabra de Dios es un arma para luchar contra Satanás.

Un hombre joven nos comentó que su madre había muerto cuando él tenía catorce años de edad y se había amargado y enojado con Dios. Unos pocos años después comenzó a beber mucho como una forma de atenuar su dolor, y con el tiempo se convirtió en alcohólico. Una noche, mientras iba camino a casa desde el bar, golpeó a una niña con su auto y ella murió. Él fue condenado por homicidio involuntario y enviado a prisión. Mientras se encontraba en la cárcel, regresó un día de almorzar y descubrió que nuestro ministerio de alcance a las prisiones había dejado en su celda mi libro *El campo de batalla de la mente*. Este es un libro que enseña cuán importante es la Palabra de Dios y el papel que desempeña en renovar la mente y enseñarnos a pensar correctamente. Se nos ha dado la mente de Cristo. ¡Poseemos los mismos pensamientos, intenciones y propósitos de su corazón! En otras palabras, podemos pensar como Él lo hace.

Mientras este joven leía el libro, se dio cuenta de que estaba pensando mal y comenzó a intentar hacer cambios. Después de cumplir su condena, fue liberado de prisión y al poco tiempo asistió a su primera conferencia de los Ministerios Joyce Meyer, donde le entregó su vida a Jesús. Él ahora sirve como voluntario en nuestras conferencias siempre que nos encontramos en algún lugar cercano a donde vive.

A pesar de lo trágica que resultó, no fue la muerte de su madre lo que destruyó su vida, sino la forma en que pensó sobre esta. El diablo puede—y lo hace—poner pensamientos malos y destructores de vida en nuestra mente, y si no conocemos la verdad (la Palabra de Dios), no tenemos más opción que creerle. El diablo se deleitaba en decirle al chico que fue culpa de Dios que su madre hubiera muerto, y lo convenció de darle la espalda al Señor con enojo. Él se sintió más feliz todavía cuando tentó al joven a beber alcohol en exceso y más tarde a quitar una vida mientras estaba bebiendo. Estaba muy satisfecho de verlo en prisión, pero nada contento cuando el libro apareció y él lo leyó y descubrió que había otra opción que considerar.

Este joven aprendió que en su mente se estaba librando una batalla, y que él podía dominar o controlar sus pensamientos malos y reemplazarlos por otros buenos.

Determine sus propios pensamientos

La Biblia nos instruye varias veces a ser vigilantes o a mantenernos en guardia y orar. Una de las cosas que debemos vigilar atentamente son nuestros pensamientos. Si estos no se corresponden con los pensamientos de Dios (su Palabra), debemos deshacernos de tales pensamientos equivocados. No podemos aprovechar el día a menos que estemos dispuestos a dominar nuestros pensamientos de forma regular. Un hombre se convierte en lo que piensa (véase Proverbios 23:7), o como digo con frecuencia: «A donde la mente va, el hombre la sigue».

Usted puede determinar sus propios pensamientos. Puede escoger qué va a pensar y hacerlo con todo cuidado. Es capaz de decidir si va a pensar en una cosa o no. Todos nuestros pensamientos son como semillas que sembramos, y ellos traerán una cosecha a nuestra vida. Y todas las semillas producen un tipo específico de fruto, así que no siembre lo que no quiera cosechar.

Si sembramos una semilla de tomate, esperamos tener un tomate, pero si sembramos pensamientos de odio y enojo, a menudo esperamos tener una vida buena y gozosa. ¡Esto nunca sucederá! Sembrar pensamientos de ira y odio producirá una vida desdichada y sombría. El mundo está lleno de personas que viven una vida desventurada, pero con frecuencia solo culpan a otros de sus circunstancias en lugar de analizar sus propios corazones a fin de descubrir cuáles son las verdaderas raíces de sus problemas.

Como alguien a quien le faltaba conocimiento, hice lo mismo durante el primer tercio de mi vida. Pensaba conforme a mis circunstancias en vez de pensar de acuerdo a la Palabra de Dios. Los «pensamientos semillas» que sembraba continuamente producían más de lo que odiaba. Estaba en una trampa y no encontraba forma de salir de ella hasta que aprendí que si quería que mi vida mejorara, mis pensamientos tenían que mejorar primero. ¡Jesús nos invita a creer! Creamos su Palabra más que la palabra de algún otro, y cuando lo hagamos, las cosas cambiarán para mejor.

Renovar la mente y aprender a pensar de manera apropiada requiere tiempo y la ayuda de Dios, y Él siempre está dispuesto a ayudarnos a hacer su voluntad. Dios lo ayudará... ¡pídaselo! La Biblia emplea la frase «ceñid los lomos de vuestro entendimiento» (véase 1 Pedro 1:13). El apóstol Pedro nos está diciendo que no dejemos que nuestros pensamientos corran salvajes, sino que les pongamos un arnés y los controlemos.

Si quiere darle un mejor uso a su tiempo, primero necesita darle un mejor uso a sus pensamientos. Escoja ser asertivo y proactivo mentalmente. Considere lo que está pensando, y si no es bueno o correcto, piense en otra cosa.

Si usted se despierta en la mañana y sus primeros pensamientos son: *Lamento no haberme mantenido enfocado ayer y no haber hecho más. No pareciera que tengo dominio propio*, en el mismo momento que reconoce que sus pensamientos no están en correspondencia con la Palabra de Dios, puede elegir pensar: *Voy a olvidarme de lo que pasó ayer y a lograr que hoy sea un mejor día. Dios me ha dado el fruto del dominio propio, y estoy aprendiendo a usarlo.*

Si nuestros pensamientos no coinciden con la voluntad de Dios, entonces tienen que provenir del diablo o ser el resultado de los hábitos malos que hemos formado con los años si no disciplinamos nuestra mente. De cualquier forma, están envenenando nuestra vida y nos toca a nosotros hacer algo con respecto a ellos. Dios siempre nos mostrará qué es lo correcto lo que debemos hacer, Él incluso nos dará la gracia (habilidad) para hacerlo, ¡pero no lo hará por nosotros! Nos ha dado libre albedrío y debemos usarlo.

Una vez que usted ha sido bien educado en la Palabra de Dios (en lo que Él piensa), esta funciona como una luz en su vida que lo ayuda a reconocer con rapidez la oscuridad. Dicho de otro modo, la Palabra de Dios que ha aprendido lo ayuda a reconocer las mentiras del diablo.

Permítame decirle que este proceso toma tiempo y que crecerá poco a poco. No se rinda en lo que respecta a prender cómo pensar de la forma correcta, porque nunca tendrá una buena vida si sus pensamientos están errados. ¡Nunca alcanzará el punto en que no necesite hace un esfuerzo para pensar de la manera correcta! Tengo que hacer ese esfuerzo a diario, lo mismo que toda persona en el planeta que en verdad quiera disfrutar de la buena vida que Dios ha hecho posible por medio de Jesucristo.

De la mente a la boca

¿De dónde vienen las palabras? Ellas se formulan en nuestros pensamientos y son muy poderosas. La Palabra de Dios nos enseña que de lo que hay en el corazón habla la boca (véase Mateo 12:34). Nuestras palabras tienen poder de dar vida y muerte (véase Proverbios 18:21). Las palabras que pronunciamos provocan un resultado y las Escrituras nos exhortan a no hablar palabras ociosas. Si dominamos (controlamos) nuestros pensamientos, estamos en camino de dominar (controlar) nuestras palabras.

¿Alguna vez ha pensado: *Deseo no haber dicho eso*, después actuar de forma ruda u ofender a alguien? Yo sí lo he hecho. Sin embargo, el simple deseo no cambia las cosas. La forma de no proferir palabras que hieren, ofenden y causan problemas es cambiando nuestros pensamientos. ¡Con frecuencia, lo que pensamos en privado lo decimos en público!

¡Con frecuencia, lo que pensamos en privado lo decimos en público!

El salmista David se refirió

bastante a sus pensamientos y palabras. Él meditaba mucho en la Palabra de Dios y aseguró que la Palabra que había guardado en su corazón le impedía pecar. Ella era una lámpara que le ofrecía dirección para su vida (véase Salmo 119:105). También dijo que había resuelto (decidido) que su boca no hiciera transgresión (Salmo 17:3). Esta es una de mis escrituras favoritas:

> Yo dije: Atenderé a mis caminos, para no pecar con mi lengua; guardaré mi boca con freno, en tanto que el impío esté delante de mí.
>
> Salmo 39:1

Note que él atendería a sus caminos y guardaría su boca. Ambas palabras indican acción. ¡Esto me hace pensar que David estaba aprovechando el día! Él hizo decisiones en cuanto a cómo iba a vivir. No solo esperó para ver qué sucedería y dejarse llevar por esto.

¿Cuándo podemos simplemente relajarnos?

Nos mantenemos pensando todo el tiempo, así que es importante que seamos cuidadosos todo el tiempo. Sin embargo, mientras más practique pensar de forma positiva, más natural le resultará. Se desarrollará hasta alcanzar un punto en que los pensamientos que no concuerden con la Palabra de Dios en realidad lo harán sentirse incómodo. Se sentirá intranquilo en su espíritu. Ese es el Espíritu Santo mostrándole que algo anda mal, y cuando le preste atención, Él le revelará lo que es. Todo esto puede ocurrir sin que sea conciente de que Dios lo está guiando, pero es algo que Él promete hacer.

Puede depender del Señor para que haga que usted se percate de los pensamientos malos y lo ayude a tener los pensamientos de Dios. Él nunca nos pedirá hacer nada a menos que esté dispuesto a ayudarnos a llevarlo a cabo. Él sabe mucho mejor que nosotros cuán incapaces somos de actuar de la manera correcta sin su ayuda.

Después de todas las cosas que hemos discutido en este libro sobre lo activo y alertas que debemos ser, puede estar pensando: *Esto parece requerir una gran cantidad de esfuerzo*, y tal vez se pregunte: *¿Cuándo puedo simplemente relajarme?* A pesar de que controlar nuestros pensamientos requiere esfuerzo y diligencia, puedo asegurarle que vivía mucho más preocupada y estresada cuando estaba llena de pensamientos negativos y malos que ahora que activamente domino mis pensamientos para que se correspondan con la voluntad de Dios. Disciplinarnos a nosotros mismos para permanecer en la voluntad de Dios no es algo difícil, opresivo o estresante. Es luchar contra la voluntad de Dios lo que nos produce estrés y frustración. No importa cualquier esfuerzo que debamos hacer para permanecer en la voluntad de Dios, esto siempre es más fácil que vivir fuera de su voluntad.

Cometeremos errores, y a veces nos percataremos de que hemos desperdiciado un día entero pensando en cosas que no son piadosas, pero Dios es muy paciente y nunca se rendirá con nosotros. Jesús nos invita a venir a Él para hallar descanso y diversión (véase Mateo 11:28–29). Podemos descansar incluso cuando cometemos errores. No esperamos que nuestros bebés crezcan de la noche a la mañana, y estamos dispuestos a ayudarlos cuando se caen. Nuestro Padre celestial hace lo mismo con nosotros, Él es misericordioso y bondadoso. El solo hecho de saber que deseamos hacer su voluntad es suficiente para que se mantenga trabajando con nosotros por tanto tiempo como se requiera.

> *Dios es muy paciente y nunca se rendirá con nosotros.*

Pensamientos poderosos

Los pensamientos poderosos son aquellos que usted puede pensar a propósito y que en realidad liberan la energía que necesita para hacer algo. Aquí le presento diez pensamientos que puede pensar de una forma intencional para que lo ayuden a aprovechar el día:

1. Dios me ha dado este día. Es un regalo suyo y no debo desperdiciarlo.
2. Todo lo puedo hacer por medio de Cristo, porque Él es mi fortaleza.
3. Soy una persona organizada.
4. Confío en que Dios me guíe y me ayude mientras avanzo a través del día
5. Elijo caminar en la voluntad de Dios para mi vida.
6. No desperdicio mi tiempo
7. Hago planes con sabiduría y continúo hasta cumplirlos.
8. Soy una persona «a propósito».
9. No derrocharé los recursos que Dios me ha dado.
10. Dios me ama y está conmigo todo el tiempo.

Existen miles y miles de otros pensamientos poderosos. Hay pensamientos basados en la Palabra de Dios, y ellos traerán paz y gozo a su vida. Tenga algunos pensamientos «a propósito» cada día temprano en la mañana y esto lo ayudará a mostrar la actitud correcta para el resto del día.

Resumen del capítulo

• Cuando meditamos en la Palabra, esto nos ayuda a renovar nuestra mente y pensar cosas buenas y beneficiosas.

• No podemos aprovechar el día a menos que estemos dispuestos a dominar y tomar cautivo cualquier pensamiento que es contrario a la Palabra de Dios.

- Renovar la mente y aprender a pensar de manera apropiada requiere tiempo y la ayuda de Dios. Él siempre está dispuesto a ayudarnos... ¡solo pídaselo!
- A fin de darle un mejor uso a su tiempo, dele un mejor uso a sus pensamientos.
- Dios siempre nos mostrará qué es lo correcto que debemos hacer, Él incluso nos dará la gracia (habilidad) para hacerlo, pero no lo hará por nosotros.
- Mientras más practique pensar correctamente, más natural le resultará.

CAPÍTULO 21

Cinco cosas para hacer a propósito

Por tanto, tomad toda la armadura de Dios, para que podáis resistir en el día malo, y habiendo acabado todo, estar firmes.

Efesios 6:13

Vivir «a propósito» por un propósito es una forma de vida fascinante y que trae recompensas. La vida «a propósito» que queremos vivir es una que se corresponde con los propósitos de Dios para nosotros y su Reino. A pesar de que Jesús ha provisto una vida maravillosa para nosotros, debemos darnos cuenta de que Satanás trata constantemente de robárnosla. Por esta razón no debemos ser pasivos y asumir que esta buena vida será nuestra sin una pelea. Satanás es nuestro enemigo y trabaja incansablemente para robar la vida que Jesús murió para darnos. Obtendremos la victoria solo si permanecemos firmes contra él y todas sus estratagemas.

¡Podemos elegir vivir «a propósito» en lugar de guiados por las emociones! En este capítulo quiero considerar solo unas pocas de las maneras en que podemos hacer las cosas a propósito y cómo ellas pueden ser determinantes para nuestra vida.

Podemos hacer la decisión diaria de mantenernos firmes en nuestro destino ordenado por Dios y no permitir que el mundo, el diablo o los deseos de la carne nos lo arrebaten. Esto requiere usar su libre albedrío para escoger la voluntad de Dios en cada situación que enfrente en la vida.

La noche pasada, Dave y yo tuvimos un desacuerdo un poco intenso, y al final resultó que yo no conseguí lo que quería. No estaba feliz con la situación, y mientras más pensaba en ello, más podía sentir el enojo apoderarse de mi alma. En ese punto no podía hacer justo lo que deseaba hacer, ya que sabía que si actuaba así no me estaría comportando de una forma piadosa. Tenía dos opciones: (1) seguir enojada y hacerme a mí misma desdichada, o (2) perdonar a Dave y negarme a estar en conflicto.

Deseaba hacer lo correcto, aquello que le agradara a Dios, y simplemente no podía lograrlo sintiéndome como me sentía. Así que intencionalmente decidí no dejarme guiar por mis emociones, sino confiar en Dios y dejar pasar la situación. Le pedí a Dios que me ayudara y comencé a pensar en algunas escrituras acerca de perdonar a otros cuando nos hieren (véase Mateo 6:4–15) y en otras relacionadas con la responsabilidad de los hijos de Dios de evitar los conflictos (véase 2 Timoteo 2:24).

Puede asegurar que tuve que hablar conmigo misma hasta disuadirme. Estaba a punto de lanzarme a una discusión llena de ira y amargura, pero en cambio escogí la paz de una manera intencional.

1. Sea pacífico a propósito

La Palabra de Dios nos habla de «ponernos» el calzado de la paz (véase Efesios 6:13–15). En otras palabras, se nos instruye a caminar en paz. Jesús dijo que Él nos había dado su paz y que podíamos dejar de permitirnos a nosotros mismos estar molestos, turbados, temerosos e intimidados (véase Juan 14:27). Si consideramos estos dos versículos de las Escrituras y decidimos creer en ellos, entonces debemos admitir que la paz está disponible para nosotros, pero tal vez no comprendamos que podemos ser pacíficos a propósito.

Por muchos años estuve engañada y pensé que si mis circunstancias no se calmaban, yo misma no podría calmarme. Al pensar de esta manera estaba literalmente dándole al diablo el control de mi conducta. Si él me tendía una trampa para hacer que me sintiera molesta al disponer circunstancias que no eran agradables para mí, entonces me pasaba el día ansiosa y frustrada. Necesitamos reconocer quiénes son nuestros «ladrones de la paz» y mantenernos vigilantes con respecto a ellos.

¿Alguna vez ha dicho: «Mis hijos saben qué botón presionar para hacer que me enfade»? Pues todavía más importante es comprender que el diablo sabe qué botones presionar para lograr que nos enfademos. Todos tenemos cosas diferentes que nos molestan, y es tiempo de que las reconozcamos a fin de permanecer firmes y hacernos cargo de nuestra vida. Es de esta forma que comenzamos a vivir la vida que realmente queremos a propósito.

¡La paz no tiene lugar al azar! Se nos ha dado la tarea de ser hacedores y mantenedores de la paz (véase Mateo 5:9). Tenemos la paz de Dios en nuestro interior como un regalo que Él nos ha dado. Y debemos aprender a acceder y aferrarnos a ella en las tormentas de la vida. Dios le dijo a los israelitas que se aferraran a su paz y Él pelearía por ellos (véase Éxodo 14:14). Los israelitas obviamente podían permanecer en paz, pues de otra forma Dios no les hubiera mandado a hacerlo. Creo firmemente que nosotros somos capaces de hacer mucho más de lo que pensamos que podemos hacer.

> Creo firmemente que nosotros somos capaces de hacer mucho más de lo que pensamos que podemos hacer.

Nos hemos pasado mucho tiempo pidiéndole a Dios que haga cosas por nosotros que en realidad ya ha hecho y está esperando que las reclamemos por fe. Sin embargo, hablando de forma práctica, ¿cómo hacemos eso?

Acostumbro a hablar conmigo mismas en las situaciones tensas. Cuando siento que mi paz me está abandonando y el estrés llega, me recuerdo que puedo mantener la paz al confiar en que Dios se encargará de la situación. Si permanezco en paz, Él luchará por mí. Respiro y pienso antes de hablar, e incluso en ocasiones tengo que alejarme de la situación a fin de ministrarme a mí misma. Sí, puede ministrarse a usted mismo. Recuérdese las promesas de Dios y medite en algunos de los versículos de las Escrituras que ha aprendido acerca de mantener la paz en medio de las dificultades de la vida.

Recuerdo una ocasión durante la temporada del pago de los impuestos que fue desafiante para mí. Siempre teníamos que pagar, así que le pregunté a mi contadora si tenía un estimado de lo que debíamos. Cuando me lo dijo, sentí pánico, ya que la cantidad que habíamos apartado para pagar los impuestos estaba muy por debajo de la cifra que ella nos dio. No podíamos creer que nuestro cálculo estuviera tan errado, y ella tampoco. Estaba sintiéndome más preocupada por minutos y al mismo tiempo intentaba hablar conmigo misma. «Joyce, mantén la calma. Necesitas investigas antes de entrar en pánico». Después de revisar las cuentas bancarias y chequear los depósitos y extracciones, ciertamente encontré el dinero. Lo había colocado en una cuenta con intereses para esperar hasta que lo necesitara y lo había olvidado. ¡Me sentí muy contenta de descubrir dónde estaba el error!

Lo que quiero enfatizar es que cuando recibimos noticias poco placenteras o reportes malos de algún tipo, nuestra primera reacción natural es molestarnos, incluso si hacer esto en nada ayuda a la situación. El aposto Pedro nos dice que lo que debemos hacer es resistir al diablo desde el comienzo (1 Pedro 5:9). Podemos evitar sentirnos cada vez más molestos (véase Juan 14:27) si nos esforzamos en conseguirlo. Hable con usted mismo y recuérdese que Dios es fiel y que hay siempre una solución para cada dilema.

No podemos escuchar a Dios o seguir al Espíritu Santo cuando estamos perturbados. La paz ha sido definida como un «corazón tranquilo». Necesitamos tener calma en el alma para discernir lo que el Señor quiere que hagamos en medio de la dificultad. No se mantenga repitiendo los mismos viejos patrones una y otra vez, enfrentando una circunstancia que no le agrada, luego sintiéndose molesto diciendo cosas que no debe decir, haciendo cosas que no debe hacer, arrepintiéndose, y más tarde haciendo todo esto otra vez. ¡Es tiempo de algo nuevo! ¡Es tiempo de buscar la paz a propósito!

2. Recuerde su valor como hijo de Dios a propósito

La Palabra de Dios nos enseña a «vestirnos» de justicia (véase Efesios 6:14). A veces tenemos una crisis de identidad y, a pesar de que somos nuevas criaturas en Cristo a través del Nuevo Nacimiento (salvación) y hemos sido hechos justos ante Dios, podemos permitir que el diablo robe el conocimiento de nuestra posición correcta y nuestro valor ante Dios. El robo de identidad es un gran negocio hoy en día, y muchos de nosotros compramos seguros contra fraudes o robo de identidad de modo que podamos estar cubiertos en caso de que alguien acceda ilegalmente a nuestra información personal y robe nuestra identidad. Esto nunca me ha sucedido, pero he escuchado que cuando ocurre, se vive una verdadera pesadilla.

Pienso que es acertado decir que los cristianos que no recuerdan quiénes son en Cristo, que Dios los ama incondicionalmente y que los considera justos ante Él, viven vidas desdichadas aunque no tengan que hacerlo. Satanás lucha contra nosotros, pero tenemos instrucciones de Dios en cuanto a cómo derrotarlo y permanecer victoriosos todas las veces. ¡Sin embargo, esto requiere hacer algunas cosas a propósito! Una de las cosas es vestirse de justicia. Vestirse indica una acción. Requiere que hagamos algo.

Permítame explicarlo de la forma más sencilla que pueda: cuando pecamos, a menudo nos atormentamos con la culpa y la condenación. Podemos incluso pensar que Dios está molesto con nosotros y tenemos que hacer algo para volver a disfrutar de su favor. El favor de Dios es un regalo gratuito, de otro modo no sería un favor. Y es nuestro a través de la fe. Cuando pecamos, podemos arrepentirnos y continuar creyendo que a pesar de que hicimos algo que no estaba bien, nunca perderemos ni por un momento nuestra posición ante Dios. ¡Podemos vestirnos con la justicia y usarla como si fuera una coraza!

En la Biblia encontramos varias veces la orden de «vestirnos», y he llegado al entendimiento de que esto solo significa «hacer lo que se nos manda a propósito». No aguarde hasta que le guste algo o espere que alguien haga por usted lo que debe hacer por sí mismo. En lugar de ser pasivo, domine o controle la situación, sus pensamientos y actitudes, y alinéelos con las promesas de Dios.

Sepa quién es, mantenga su cabeza en alto con confianza, y disfrute la vida que Jesús ha provisto para usted.

Usted es un hijo amado de Dios, la luz de sus ojos, y Él está a su lado siempre. No permita que el diablo le robe su verdadera identidad. Sepa quién es, mantenga su cabeza en alto con confianza, y disfrute la vida que Jesús ha provisto para usted. ¡Hágalo a propósito!

3. Ame a propósito

La Palabra de Dios nos enseña a vestirnos de amor sobre todas las demás cosas (véase Colosenses 3:14). Esto literalmente significa que lo más importante que podemos hacer es caminar en amor. El amor no es un sentimiento que esperamos a sentir, sino una decisión que hacemos en cuanto a cómo tratar a las personas… ¡a todas las personas! No debemos tratar a las personas que son buenas con nosotros de una forma y luego maltratar a otras que son rudas y poco amables con nosotros. Al igual que Dios, debemos ser los mismos todo el tiempo sin impostar lo que esté sucediendo a nuestro alrededor.

Sí, sé que esto es una orden difícil, pero nunca haremos nada que Dios nos pida hacer si nos mantenemos recordándonos a nosotros mismos lo difícil que es llevarlo a cabo. Nosotros decidimos creer que Dios nos capacitará para hacer cualquier cosa que nos pida que hagamos.

Caminar en amor requerirá ser generoso en lo que respecta al perdón, porque la verdad es que vivimos en un mundo lleno de imperfección. Las personas nos lastiman, pueden tratarnos injustamente o no amarnos, pero Dios nos ha dado una solución simple para no permitir que el veneno de la amargura penetre en nuestras almas. ¡Jesús nos dijo que no solo perdonáramos a nuestros enemigos, sino que fuéramos amables y buenos con ellos!

> *Pero a ustedes que me escuchan les digo: Amen a sus enemigos, hagan bien a quienes los odian, bendigan a quienes los maldicen, oren por quienes los maltratan.*
>
> Lucas 6:27–28 (NVI)

Se nos ha dicho que perdonemos no por el beneficio de otras personas, sino por el nuestro. Cuando perdonamos, somos bondadosos con nosotros y nos hacemos un favor, porque nos libramos del tormento de necesitar odiar a alguien y desperdiciar nuestra vida siendo vengativos. Con frecuencia consideramos el perdón desde un punto de vista errado. Pensamos: *Ellos no merecen mi perdón después de todo lo que me hicieron, y yo voy a desquitarme y hacer que paguen.* Sin embargo, esto simplemente no funciona. ¡A menudo las personas con las que estamos enojados se hallan disfrutando sus vidas y no les importa que estemos molestos!

Es obvio que no podemos hacer lo que Jesús está sugiriendo en estos versículos a menos que tomemos una decisión y lo hagamos a propósito. Nunca nos *gustará* bendecir a alguien que no ha sido amable con nosotros o nos ha tratado injustamente. No obstante, la buena noticia de este libro es que no tenemos que querer hacer lo que es correcto para hacerlo. ¡Las personas que perdonan son personas fuertes!

> No tenemos que querer hacer lo que es correcto para hacerlo.

Una vez escuché decir:

El primero en disculparse es el más valiente.
El primero en perdonar es el más fuerte.
Y el primero en olvidar es el más feliz.

Aprender esta verdad sobre perdonar a propósito cambió mi vida. Haber sido sexualmente abusada por mi padre y abandonada a la situación por mi madre fue algo que me dejó con muchos sentimientos dañinos, los cuales me llenaron de amargura e infelicidad. Si usted no es feliz, busque la raíz del problema, porque la infelicidad no se irá hasta que trate con lo que yace en la raíz. Con frecuencia pensamos que es otra persona (u otra cosa) la que causa nuestra infelicidad, pero usualmente nuestra propia actitud hacia otros y nuestras circunstancias es la verdadera culpable.

Perdonar a las personas tal vez no cambie la forma en que se siente con respecto a ellas de inmediato, pero orar por ellas y mostrarles bondad cuando sea posible lo liberará, y con el tiempo sus sentimientos podrán sanar. Jesús es nuestro sanador, pero nuestra obediencia es lo que libera la sanidad que Él ha provisto a través de su muerte y resurrección. ¡Jesús vino a mostrarnos una nueva forma de vida! La Biblia nos instruye a «despojarnos del viejo hombre y vestirnos del nuevo hombre» (véase Efesios 4:22–24). Esto simplemente significa que necesitamos hacer la decisión de vivir la nueva vida que Jesús ha provisto, ya que eso es la única cosa que puede proporcionarnos la paz y el gozo que deseamos.

Jesús no vino a hacer todo por nosotros mientras nos sentamos pasivamente sin hacer nada. Él vino a mostrarnos qué hacer y a darnos el poder para realizarlo. ¡Usted puede perdonar! Si esto resultara imposible, entonces Dios no nos hubiera mandado a hacerlo.

El amor requiere perdón, y también requiere muchas otras conductas que tal vez necesitan practicarse a propósito.

El amor es paciente, bondadoso, humilde, no es jactancioso, celoso o envidioso, siempre cree lo mejor y nunca se rinde (véase 1 Corintios 13:4–8). ¡Vaya! Sé que tengo que pedirle a Dios su ayuda diaria para manifestar este tipo de buen fruto en mi vida, y usted precisará su ayuda también. Le recomiendo mucho pasar tiempo con Dios en comunión y estudiando su Palabra, porque mientras más cerca esté de Él, más llegará a ser como Él. Nuestro amor por Dios causa que queramos hacer todo lo que nos pide que hagamos

El amor también da. Cuando vemos una necesidad, nos sentimos obligados a hacer algo. El amor debe ser activo para permanecer vivo. Este fluye hacia nosotros de Dios, y debe fluir de nosotros hacia los demás. Una corriente debe mantenerse moviéndose para no estancarse, y nosotros somos de la misma forma. Solo saber qué es lo correcto para hacer no es suficiente… ¡debemos hacerlo!

4. Ore acerca de todo a propósito

La Palabra de Dios nos dice que tomemos el escudo de la fe y que con este apaguemos los dardos de fuego del maligno, y que cubramos todo con oración (véase Efesios 6:16, 18). Mientras vamos a través de la vida, descubrimos que el diablo es bueno lanzando flechas y dardos de fuego. Nuestra posición es permanecer en la fe y orar por todo lo que nos amenace o nos ocasione problemas. Me encanta lo que Pablo le escribió a los filipenses.

> *Por nada estéis afanosos, sino sean conocidas vuestras peticiones delante de Dios en toda oración y ruego, con acción de gracias.*
>
> Filipenses 4:6

He meditado en esta escritura con frecuencia en mi vida. Debemos a aprender a enfrentar cada crisis con la fe que se libera

La oración mezclada con la preocupación y una conversación negativa no produce una respuesta.

por medio de la oración. La fe es una fuerza poderosa, pero necesita ser liberada para resultar más efectiva. Podemos liberarla orando y diciendo que lo hacemos para que Dios se encargue de la situación, y declarando cosas que se correspondan con lo que hemos orado. La oración mezclada con la preocupación y una conversación negativa no produce una respuesta.

5. Haga lo que es correcto a propósito

La Palabra de Dios nos enseña a no cansarnos de hacer el bien y a asegurarnos de que cosechemos una buena recompensa a su debido tiempo (véase Gálatas 6:9). Si somos honestos, admitiremos que a veces nos cansamos, y tal vez no queramos hacer lo correcto porque simplemente no parecemos lograr buenos resultados.

Hay algunas cosas que sabemos que debemos hacer porque son correctas, pero teniendo en cuenta nuestros sentimientos nunca las queremos hacer. Por ejemplo, la Palabra de Dios afirma que si alguien no provee para los suyos, y en especial para su propia familia, ha renegado de su fe (por fallar en lo que respecta a acompañarla con frutos) y es peor que un incrédulo que cumple con su obligación en este asunto (véase 1 Timoteo 5:8).

Tuve que decidir obedecer esta escritura y cuidar de mi madre, padre y una tía cuando fueron ancianos e incapaces de cuidar por sí mismos. Debido a que mis padres habían abusado de mí mientras crecía, no albergaba ningún sentimiento hacia ellos, pero sabía que era lo correcto que debía hacer. Mi tía no tuvo hijos que la ayudaran, así que la responsabilidad también recayó sobre mí y, una vez más, supe que era lo adecuado preocuparme por ella. Proveerles cuidados requirió un sacrificio de mi tiempo y mi dinero por los pasados quince años, y aunque mis padres ya fallecieron, mi tía aún sigue viva y necesita atención.

No hago esto porque me guste, pues para ser honesta

hay veces en las que no quiero hacerlo, pero sé que es lo correcto y lo hago. El gran impedimento para la madurez espiritual es vivir de acuerdo a nuestras emociones en lugar de hacer a propósito lo que está bien. Incluso pensando que no queremos hacer algo podemos elegir hacerlo solo porque amamos a Dios.

Quizás usted necesite perdonar a alguien que lo ha tratado mal, o tal vez esa persona requiera su ayuda de alguna forma, pero le está resultando muy difícil dársela. Lo urjo a hacerlo debido a su amor a Dios y a su compromiso de hacer lo que está bien.

> *Sed benignos unos con otros, misericordiosos, perdonándoos unos a otros, como Dios también os perdonó a vosotros en Cristo.*
>
> Efesios 4:32

Aprender a usar su libre albedrío para escoger hacer la voluntad de Dios resulta muy importante, y pienso que es seguro decir que si una persona está dispuesta a hacerlo, vivirá una vida agradable y fructífera.

Quizás algunos de sus propósitos han estado equivocados, pero no es demasiado tarde para hacer un cambio. Hoy usted puede decidir que de ahora en adelante desea agradar a Dios más que cualquier otra cosa en la vida y que va a hacerlo «a propósito». Ser una persona «a propósito» comienza con una decisión. Esa decisión necesita estar acompañada por mucha oración, que nos apoyemos en Dios y confiemos en que Él nos capacitará para seguir hasta el final. ¡Unámonos y seamos lo mejor que podemos ser para Jesús!

A medida que nos proponemos hacer la voluntad de Dios en estas cinco áreas y en otras, disfrutaremos más la vida, porque tendremos el gozo de saber que estamos viviendo a propósito. Nadie quiere despertarse cada día y sentir que no tienen un propósito en la vida. Necesitamos un propósito que nos motive. ¡Necesitamos algo que nos emocione!

Me entusiasma vivir para cumplir la voluntad de Dios. Encuentro que es algo desafiante y restaurador.

Resumen del capítulo

- Vivir «a propósito» por un propósito es una forma de vida fascinante y que trae recompensas.
- Podemos aprender a acceder a la paz de Dios y aferrarnos a ella en las tormentas de la vida.
- Usted es un hijo amado de Dios, la luz de sus ojos, y Él está a su lado siempre.
- Lo más importante que usted puede hacer es caminar en amor.
- Jesús vino a mostrarnos qué hacer y a darnos el poder para realizarlo.
- Usted debe enfrentar cada crisis con la fe que se libera por medio de la oración.
- El gran impedimento para la madurez espiritual es vivir de acuerdo a nuestras emociones en lugar de hacer a propósito lo que resulta correcto.

CAPÍTULO 22

Hágase cargo de su vida

¡La diferencia entre quién usted es y quién quiere ser está en lo que hace!

Autor desconocido

Podemos pasarnos nuestra vida deseando, pero desear no cambia nada. A menudo digo: «No necesitamos deseos; necesitamos determinación». Tener éxito en la vida real requiere más que deseos pasivos. Para tener éxito, necesitamos a Dios, su ayuda y la disposición para hacer las decisiones y el trabajo difícil.

Hay personas que el mundo podría considerar exitosas y sin embargo no tienen una relación con Dios. ¿Son en verdad exitosas? No lo creo, porque la mayoría de tales individuos no son en realidad felices y a menudo resultan tristemente deficientes en el departamento de las relaciones de la vida. Pueden tener dinero y fama, pero eso no los conforta en las horas dolorosas y oscuras de la vida. Muchas de las llamadas personas exitosas consumen drogas o beben alcohol en exceso para avanzar a través del día, y eso es una tragedia, no un éxito.

Hay una pocas personas, supongo, que parecen estarlo logrando sin Dios, pero me pregunto cómo se sentirán cuando su vida termine y necesiten dar cuentas de ella. Pueden estar viviendo como si no hubiera un mañana, pero el mañana llegará. ¡Las elecciones de hoy definen el futuro del mañana!

Esta es una buena oportunidad para considerar su vida y hacerse algunas preguntas difíciles. Cosas como: «¿Cuál es mi razón de vivir?». «¿Por quién estoy viviendo?». «¿Estoy

> ¡Las elecciones de hoy definen el futuro del mañana!

preparado para encontrarme con Dios?». «¿Dejaré cuando muera un legado del que me sienta orgulloso?». «¿Estoy disfrutando mi vida?». Y muchas otras preguntas como estas. Si no tiene las respuestas que quiere, ¡entonces necesita hacerse cargo de su vida y comenzar a vivir «a propósito» por un propósito!

La Palabra de Dios nos enseña cómo vivir una vida bendecida. Esta afirma que debemos conformar nuestra conducta y conversación a la voluntad revelada de Dios.

Dichosos los que van por caminos perfectos, los que andan conforme a la ley del Señor.

Salmo 119:1 (NVI)

Una vida bendecida es resultado de seguir a Dios y sus caminos. El apóstol Mateo habla de un camino angosto y un camino espacioso (véase Mateo 7:13–14). Él explica que es fácil caminar por el camino espacioso, pero que este conduce a todo tipo de desdichas. En el camino espacioso siempre hallara mucha compañía y podrá hacer cualquier cosa que desee sin preocuparse por el futuro u otras personas, pero el resultado final es la destrucción.

El camino angosto conduce a tener una vida realmente exitosa, y Mateo dice que hay pocos que lo encuentran. Resulta más difícil transitar por él y a menudo es una senda solitaria. La persona que tiene la intención de seguir a Dios hará algunas decisiones que sus conocidos no entenderán, pero también recogerá una abundante cosecha de gozo y satisfacción en la vida. Al final de su vida en la tierra escuchará a Dios decir: *Bien hecho, siervo bueno y fiel, entra en el gozo, el deleite y la felicidad del Señor* (véase Mateo 25:23).

¿De qué necesita hacerse cargo?

Le pedimos a nuestro personal que respondiera estas dos preguntas:

1. ¿De qué necesita hacerse cargo en su vida?
2. ¿Cuáles son las cosas o circunstancias que le impiden tener el control en esas áreas?

Estas son algunas de las respuestas que recibimos:

1. Comer demasiadas chucherías. Comer demasiados dulces. Están en todas partes a las que voy y me gustan demasiado. Siempre pospongo el momento de tomar el control en cuanto a esto.
2. Confrontar a una madre que solía ser extremadamente violenta y abusiva, pero que ahora intenta controlarme por medio del silencio y el rechazo. El temor al rechazo me impide hacerme cargo de la situación. La amo, pero no sé cómo mantener una relación saludable con ella sin abrir algunas heridas muy viejas.
3. Varias personas dijeron que necesitaban encargarse de los pensamientos y sentimientos negativos hacia sí mismas o su vida.
4. La administración del tiempo es un problema enorme para muchas personas.
5. Actitudes y sentimientos dañinos y poco piadosos hacia otros.
6. Algunos afirmaron que precisaban mantener sus gastos bajo control.
7. Asumir las responsabilidades.
8. Una persona dijo que la razón de que no se hace cargo de áreas que sabe que están mal es que se mantiene justificando su conducta (pienso que esta fue una respuesta muy sincera).
9. Pensamientos y palabras.

Usted puede sentirse relacionado con alguna de estas respuestas o reconocer diferentes áreas de su vida que necesitan su atención, pero una cosa es cierta: no actuar ahora y dejarlo para mañana u otro momento de su vida no es sabio. Mientras más pronto haga un cambio, más pronto estará viviendo la vida que en verdad quiere vivir.

Mañana

Mañana posiblemente sea la palabra más peligrosa que conozco, ya que a menudo describe la dilación o postergación. Muchas personas intentan hacer lo correcto mañana, o van a esperar hasta mañana para lidiar con los problemas de su vida. ¿Por qué esperar hasta mañana? Esta es la senda a la evasión, pero no constituye la voluntad de Dios.

Hay un relato muy interesante en la Biblia sobre una plaga de ranas que le sobrevino a Egipto debido a la desobediencia del faraón. Las ranas estaban absolutamente por todos los lugares. En las casas de las personas, las camas y los hornos. Ellos no podían encontrar un lugar donde refugiarse, porque las ranas habían invadido todo.

El faraón llamó a Moisés y le dijo que obedecería a Dios si acababa con las ranas. Moisés entonces le preguntó cuando él quería que orara pidiéndole al Señor que los liberara de ellas, y el faraón dijo: «¡Mañana!» (véase Éxodo 8:1–10).

Pienso que esta historia resulta asombrosa. ¿Quién en su sano juicio podría enfrentar tal situación y decidir pasar una noche más con las ranas antes de librarse de ellas? Parece tonto, pero todos lo hacemos a veces. Si suponemos que las ranas representan las cosas de nuestra vida que con las que necesitamos lidiar y pensamos en cómo tendemos a dejarlas para otro momento, podemos ver que estamos haciendo lo mismo que el faraón hizo. Mantenemos nuestra desdicha, nuestra conciencia culpable, nuestra vida fracasada, nuestra frustración y muchas otras cosas como esas, pero podríamos liberarnos de ellas si obedeciéramos de inmediato a Dios.

Hacerse cargo de su vida significa que elegirá hacer lo difícil, porque está interesado en obtener un resultado final bueno. Hacerse cargo de su vida puede significar no comprar lo que vio en la tienda que lo entusiasmó tanto, y en cambio usar el dinero para pagar las deudas que ha contraído de modo que algún día se vea libre financieramente. Puede significar hacer las paces con alguien que lo lastimó, ya que se niega a vivir su vida enojado y amargado. Puede significar que hace mejores decisiones con respecto a lo que come, porque quiere sentirse mejor y disfrutar de buena salud.

La disciplina de hacer lo correcto sin importar cómo uno se sienta constituye la senda a una vida exitosa. Aprovechar el día tiene que ver con hacer las mejores decisiones posibles cada día de nuestra vida. ¡Lo que tiene hoy es el resultado de las elecciones que hizo en el pasado, y lo que tendrá en el futuro será el resultado de la elecciones que haga ahora!

El apóstol Pablo se hizo cargo de su vida. Él señaló: «Por esto procuro tener siempre una conciencia sin ofensa ante Dios y ante los hombres» (Hechos 24:16). Soy conciente de que esto no

> *La disciplina de hacer lo correcto sin importar cómo uno se sienta constituye la senda a una vida exitosa.*

parece muy divertido, pero brinda paz y gozo. Pienso que a menudo renunciamos a la paz y el gozo para seguir haciendo lo que nos gusta, pero debemos recordar que la diversión que pensamos que estamos teniendo es corta y temporal. ¡Lo urjo a hacer decisiones correctas hoy! No pase otra noche con las ranas.

He aquí un ejemplo muy simple, pero uno que resulta fácil de comprender. Hace poco aumenté cuatro libras y quería perderlas antes de seguir subiendo más y más. Reduje lo que comía y me llevó unas cuatro semanas, pero perdí el peso. Resultó mucho más divertido ganarlo que perderlo. Cuando Pablo dijo que él había mitigado sus deseos carnales, simplemente estaba indicando que no hacía todo lo que quería hacer, ya que sabía que el resultado no sería placentero.

Sentí placer mientras estaba ganando peso, pero me sentí

realmente hambrienta mientras lo perdía. Recuerdo cómo me sentí el día que me pesé después de no haberlo hecho por tres meses. Primero, estaba temerosa de ver los números, porque sabía que había ganado peso. No pesarme por tan largo tiempo fue mi forma de evitar la verdad. Me sentí frustrada y molesta cuando observe que había aumentado. La mañana que me subí a la báscula y descubrí que había perdido el peso ganado, me sentí gozosa y en paz. Y también me percaté de que necesitaba mantener una disciplina si no quería aumentar de nuevo. Algunas personas han ganado y perdido miles de libras en su vida, pero si usted es alguien que necesita encargarse mejor de sí mismo, entonces es tiempo de hacer una decisión y apegarse a ella.

Me doy cuenta de que hablo de cuatro libras y que a aquellos que están luchando para perder un peso mayor esto debe parecerle ridículo, pero el principio es el mismo sin importar de qué necesitamos hacernos cargo. Vivir sin disciplina puede sentirse bien en la carne por un tiempo, pero a la larga tenemos que pagar el precio por ello y entonces no nos parece tan bueno. Ninguna persona será capaz de hacer cambios que le devuelvan el equilibrio a su vida sin experimentar algún tipo de incomodidad.

Como dice el viejo dicho: «Si quieres bailar, tendrá que pagarle al músico». Esto significa que tendremos que pagar las consecuencias de nuestras conductas indulgentes. Si se queda despierto hasta tarde en la noche mirando televisión, en la mañana tendrá que pagar el precio de estar cansado y no querer ir a trabajar.

Y al final de cada decisión que tomamos en la vida algo está esperando por nosotros. ¿Encontrará paz y gozo al final de las decisiones que haga hoy, o hallará frustración, lamento y quizás culpa? ¡La elección es suya y solo usted puede hacerla!

No parece muy divertido

Vivir una vida disciplinada no suena muy divertido en un inicio. Todos somos propensos a querer una satisfacción inmediata, y vivir una vida disciplinada no provee esto. ¡Sin embargo, sí provee la vida que usted verdaderamente quiere! En lo profundo de nuestros corazones todos queremos una vida llena de propósito. Queremos ver buenos resultados a partir de nuestros esfuerzos y el tiempo que invertimos, pero esto solo sucede si hacemos lo correcto una y otra vez y luego esperamos que nuestra inversión dé frutos. Cuando hacemos buenas elecciones, no siempre parecen buenas de inmediato. A menudo tenemos que tener paciencia y confiar en Dios con respecto a que las decisiones correctas producen buenos resultados si no nos rendimos. Debemos comprometernos a tener un estilo de vida en el que hagamos decisiones correctas por sobre todo lo demás. Esto es vivir en el camino angosto que nos guiará a la vida que deseamos.

La disciplina no parece divertida de inmediato, pero a su debido tiempo produce la paz de una vida buena.

> *Es verdad que ninguna disciplina al presente parece ser causa de gozo, sino de tristeza; pero después da fruto apacible de justicia a los que en ella han sido ejercitados.*
> Hebreos 12:11

Sus elecciones son solo suyas. El Espíritu Santo podrá motivarlo a hacer la decisión correcta, pero no lo forzará. La Biblia usa la frase «sirvamos bajo el régimen nuevo del Espíritu» (Romanos 7:6). Está claro que la elección es nuestra. Si hacemos la decisión adecuada, Dios nos dará su gracia (poder) para continuar y hacer lo correcto.

Nos sentimos muy bien al saber que estamos usando nuestro tiempo con sabiduría y logrando cosas que valen la pena en la vida. Nos sentimos bien cuando hacemos decisiones sabias en vez de vivir de forma desordenada y luego sentirnos condenados debido a esto. No importa cómo las personas elijan evitar esta realidad, la conclusión es que nos sentimos bien cuando estamos haciendo lo que sabemos que está bien, y nos sentimos mal cuando no lo hacemos. El mundo está lleno de personas que toman decisiones equivocadas y luego, cuando no les gusta el resultado de las elecciones que han hecho, encuentran una forma de culpar a alguien o algo por su vida insatisfecha. Pueden intentar medicar o anestesiar su insatisfacción de alguna forma. No obstante, esta siempre regresa una y otra vez para renovar su desdicha.

Sin embargo, incluso si siente que ha desperdiciado una gran parte de su vida, ¡todo no está perdido! Cualquiera puede hacer una decisión y cambiar la dirección que ha tomado en la vida. Podemos empezar hoy a hacer buenas decisiones que estén alineadas con la voluntad de Dios para nuestra vida. Cada decisión buena y correcta que hacemos nos ayuda a revertir los resultados de las malas. La voluntad de Dios siempre produce buenos resultados, así que puede comenzar de inmediato a darle un giro a su vida para lo mejor.

> Cada decisión buena y correcta que hacemos nos ayuda a revertir los resultados de las malas.

Límites

Cuando la Palabra de Dios nos instruye a conformar nuestra conducta y conversación a la voluntad de Dios (véase Salmo 119:1), esto quiere decir que debemos establecer límites. Un límite es similar a una cerca que puede colocar alrededor de su propiedad. Usted hace esto para que los intrusos no entren. Se encuentra seguro dentro de los confines de su cerca. Necesitamos límites en muchas áreas de nuestra vida, porque ellos nos proveen paz y seguridad.

*El da en tu territorio la paz; te hará saciar con lo mejor
del trigo.*

Salmo 147:14

Una pareja que conozco que ha estado casada por treinta
y tres años recientemente me comentó que Dios le había re-
velado a través de esta escritura que si se mantenían siendo
sabios y establecían los límites adecuados en su relación
matrimonial, tendrían paz siempre. Ellos pasaron tiempo
juntos orando y buscando a Dios a fin de saber cuáles de-
bían ser esos límites, y Él los guió a varias cosas. Se hicieron decisiones en cuanto a las finanzas, el tiempo en
familia, la oración, el estudio de la Biblia, el tiempo juntos
como pareja y muchas otras cosas. Ellos han honrado esos
límites, y su testimonio es que han disfrutado de la paz de
Dios durante años. Esto no significa que no hayan enfren-
tado dificultades, porque ciertamente las han tenido, pero
Dios ha cumplido su promesa de bendecirlos con paz.

Si fijamos límites conducidos por el Espíritu, entonces
nuestro enemigo el diablo no podrá irrumpir y robarnos la
vida que Dios dispuso que tuviéramos.

Necesitamos límites en nuestros hábitos alimenticios y
en todas las cosas concernientes a nuestra salud. Los necesitamos en las áreas financieras de la vida, así como en las
relaciones, el trabajo y la recreación. Si no tenemos límites,
podemos llegar a excedernos en una dirección u otra.

Pase tiempo con Dios, elabore un plan sobre lo que desea
obtener en la vida, y establezca límites que lo ayudarán a
lograrlo. Si desea tener buenas relaciones familiares, necesitará pasar tiempo con su familia y ser el tipo de persona
con la que los demás quieran estar. Si desea ser financieramente solvente, necesitará trabajar y ahorrar dinero del
mismo modo que lo gasta. Si desea ser saludable y tener
energía, necesitará comer adecuadamente, hacer suficiente
ejercicio y evitar el estrés y otros problemas relacionados
con la salud. Si desea vivir en

Nada sucede por accidente

una casa pulcra y ordenada, tendrá que esforzarse para mantenerla de esa forma. *Nada sucede por accidente.*

Las cosas buenas ocurren cuando hacemos elecciones que producen buenos resultados. ¡Vivir la vida «a propósito» en realidad es muy apasionante! Nos proporciona el sentimiento de ser una persona disciplinada, y a todos nos gusta ese sentimiento. Cuando hacemos buenas decisiones, esto nos da el gozo de ser compañeros de Dios en la tarea de tener la mejor vida que posiblemente podamos tener. Hágase cargo de su vida bajo el liderazgo del Espíritu Santo y comience a disfrutar cada día de su nueva, poderosa, enfocada y fructífera vida.

Resumen del capítulo

- Podemos pasarnos nuestra vida deseando, pero desear no cambia nada. Usted tiene que hacerse cargo de su vida.
- Mientras más pronto haga un cambio, más pronto estará viviendo la vida que en verdad quiere vivir.
- Hacerse cargo de su vida significa que elegirá hacer lo difícil, porque está interesado en obtener un resultado final bueno.
- Aprovechar el día tiene que ver con hacer las mejores decisiones posibles cada día de nuestra vida.
- La disciplina no parece divertida de inmediato, pero a su debido tiempo produce la paz de una vida buena.
- Cuando hacemos buenas decisiones, esto nos da el gozo de ser compañeros de Dios en la tarea de tener la mejor vida que posiblemente podamos tener.

Mientras pensaba en un comentario final para este libro, el penúltimo versículo de Eclesiastés vino a mi mente. Salomón había hecho elecciones e intentado muchas cosas diferentes en la vida, y no todas fueron buenas. En este libro de la Biblia él nos da sus consejos, y muchas de sus conclusiones fueron ganadas a través de experiencias costosas y dolorosas. Pienso que es sabio escuchar a aquellos que han ido antes de nosotros y aprendido por experiencia propia las decisiones buenas y malas que se deben hacer.

> *El fin de todo el discurso oído es este: Teme a Dios, y guarda sus mandamientos; porque esto es el todo del hombre.*
>
> Eclesiastés 12:13

Este versículo de las Escrituras puede resultar muy impactante si usted se toma su tiempo y lo analiza con lentitud meditando en cada parte concienzudamente. Así que pienso que mi comentario final será una paráfrasis de lo que Salomón dijo. El fin del asunto y la conclusión de todo lo que he escrito es este: ¡viva su vida «a propósito» por un propósito, y con la ayuda de Dios use el libre albedrío que Él le dio para elegir hacer su voluntad! ¡Mientras hace eso honrará al Señor grandemente, y usted disfrutará de una gratificante recompensa!

NOTAS

1. http://www.goodreads.com/quotes/437424-god-created
-things-which-had-free-will-that-means-creatures.
2. F. B. Meyer, *The Secret of Guidance*, Fleming H. Revell
Company, p. 23.
3. Andrew Murray, *God's Will: Our Dwelling Place*, p. 9.
4. Kent Crockett, *Making Today Count for Eternity*, Mult-
nomah Books, pp. 66–67.
5. http://dailychristianquote.com/tag/choice/.
6. http://www.sermonillustrations.com/a-z/d/decision.htm.
7. http://www.brainyquote.com/quotes/quotes/n
/nickvujici632096.html.
8. Brainyquote.com.
9. http://www.goodreads.com/author/quotes/102203.Corrie
_ten_Boom.
10. http://www.brainyquote.com/quotes/quotes/l/leonardoda
120920.html.
11. http://www.goodreads.com/quotes/44552-yesterday-is-gone
-tomorrow-has-not-yet-come-we-have.
12. http://www.brainyquote.com/quotes/quotes/w
/winstonchu101477.html.
13. http://webstersdictionary1828.com/Dictionary/interrupt.
14. http://thinkexist.com/quotation/by_prevailing_over_all
_obstacles_and_distractions/171483.html.
15. http://www.nytimes.com/2013/05/05/opinion/sunday
/a-focus-on-distraction.html?_r=0.
16. http://www.brainyquote.com/quotes/quotes/b/benjaminfr
109062.html.
17. http://www.goodreads.com/quotes/64541-the-purpose-of
-life-is-not-to-be-happy-it.
18. http://www.sermonillustrations.com/a-z/p/purpose.htm.
19. http://www.merriam-webster.com/dictionary/passion.
20. *Webster's American 1828 Dictionary*.
21. http://www.goodreads.com/quotes/824273-so-much
-attention-is-paid-to-the-aggressive-sins-such.
22. http://www.goodreads.com/quotes/548342-silence-in-the
-face-of-evil-is-itself-evil-god.
23. http://www.family-times.net/illustration/Desire/201015/.

24. George Barna y David Burton, *U-Turn: Restoring America to the Strength of Its Roots*.

25. http://www.sermoncentral.com/illustrations/sermon-illustration-ronald-thorington-stories-64514.asp.

26. *More of the Best of Bits & Pieces*, p. 73.

27. http://daringtolivefully.com/goal-quotes.

28. http://techcrunch.com/2011/10/06/jobs-focus-is-about-saying-no/.

29. http://www.brainyquote.com/quotes/quotes/h/harperlee119674.html.

30. http://www.goodreads.com/quotes/88934-do-not-have-your-concert-first-and-then-tune-your.

31. https://www.goodreads.com/quotes/26920-you-will-never-find-time-for-anything-if-you-want.

¿Tiene usted una relación real con Jesús?

¡Dios lo ama! Él lo ha creado para que sea un individuo único en su especie, exclusivo y especial. Él tiene un propósito específico y un plan para su vida. Y a través de una relación personal con su Creador—Dios—usted puede descubrir una forma de vida que verdaderamente satisfaga su alma.

No importa quién es, lo que ha hecho o en qué punto de su vida se encuentra ahora, el amor y la gracia de Dios son mayores que su pecado, sus errores. Jesús dio su vida voluntariamente de manera que usted pueda recibir el perdón de Dios y una nueva vida en Él. Solo está esperando que lo invite a ser su Salvador y Señor.

Si está listo para entregarle su vida a Jesús y seguirlo, todo lo que necesita hacer es pedirle que perdone sus pecados y le permita disfrutar de un nuevo comienzo en la vida que tiene la intención de vivir. Comience por hacer esta oración:

> *Señor Jesús, gracias por dar tu vida por mí y perdonar mis pecados para que así que pueda tener una relación personal contigo. Me arrepiento sinceramente de los errores que he cometido, y sé que te necesito para que me ayudes a vivir de la forma correcta.*

> *Tu Palabra dice en Romanos 10:9 (nvi): «Si confiesas con tu boca que Jesús es el Señor, y crees en tu corazón que Dios lo levantó de entre los muertos, serás salvo». Creo que eres el Hijo de Dios y te reconozco como mi Señor y Salvador. Acéptame justo como soy y obra en mi corazón, convirtiéndome en la persona que quieres que sea. Quiero vivir para ti, Jesús, y estoy agradecido de que me estés permitiendo un nuevo comienzo en mi nueva vida contigo hoy.*

¡Te amo Jesús!

¡Es asombroso saber que Dios nos ama tanto! Él desea tener una relación profunda e íntima con nosotros, que crezca cada día mientras pasamos tiempo con Él en oración y estudiando la Biblia. Y queremos animarlo en su nueva vida en Cristo.

Por favor, visite joycemeyer.org/salvation a fin de solicitar el libro *Una nueva forma de vida*, el cual es un regalo para usted. También tenemos otros recursos gratis en línea a fin de ayudarlo a hacer progresos en su búsqueda de todo lo que Dios tiene para usted.

¡Felicitaciones por su nuevo comienzo en su vida en Cristo! Esperamos escuchar pronto sobre usted.

JOYCE MEYER es una de las más destacadas y prácticas maestras bíblicas del mundo. Su programa diario, *Enjoying Everyday Life* [*Disfrutando de la vida diaria*], se trasmite internacionalmente en cientos de canales televisivos y estaciones de radio. Joyce ha escrito más de cien libros inspiradores. Entre sus éxitos de venta se encuentran *Pensamientos de poder; Madre segura de sí misma; Controlando sus emociones; Empezando tu día bien; Termina bien tu día; Adicción a la aprobación; Cómo oír a Dios; Belleza en lugar de cenizas y La conexión de la mente.* Joyce viaja extensamente, impartiendo conferencias y hablándoles a miles de personas a través del mundo.

Joyce Meyer Ministries
P.O. Box 655
Fenton, MO 63026
USA
(636) 349–0303

Joyce Meyer Ministries — Canadá
P.O. Box 7700
Vancouver, BC V6B 4E2
Canada
(800) 868–1002

Joyce Meyer Ministries — Australia
Locked Bag 77
Mansfield Delivery Centre
Queensland 4122
Australia
(07) 3349 1200

Joyce Meyer Ministries — Inglaterra
P.O. Box 1549
Windsor SL4 1GT
United Kingdom
01753 831102

Joyce Meyer Ministries — Sudáfrica
P.O. Box 5
Cape Town 8000
South Africa
(27) 21–701–1056

LIBROS DE JOYCE MEYER (EN ESPAÑOL)

Hazte un favor a ti mismo...perdona
[Do Yourself a Favor...Forgive]
Madre segura de sí misma [The Confident Mom]
Pensamientos de poder [Power Thoughts]
Sobrecarga
*[Overload]**
Termina bien tu día
[Ending Your Day Right]
Usted puede comenzar de nuevo
[You Can Begin Again]
Viva valientemente
[Living Courageously]
Adicción a la aprobación [Approval Addiction]
Cómo oír a Dios
[How to Hear from God]

* Hay una guía de estudio disponible para este título

LIBROS DE DAVE MEYER

Life Lines